"暨南大学—广州地铁工商管理类实践教育基地项目"专项经费资助（2万元）

广东省普通高校人文社会科学重点研究基地暨南大学企业发展研究所企业转型发展案例研究项目：工业4.0背景下智能制造企业战略转型及创新路径——基于视声集团有限公司的案例研究（2016AL003）

暨南大学教育技术"创新工程"项目：营销策划实务、网络课程

ZIWO—PINPAI LIANJIE YINGXIANG JIZHI
YANJIU

自我—品牌联结影响机制研究

从中国文化背景角度出发，构建相关理论模型，通过实验法探讨了品牌象征意义、品牌原产地等品牌自身因素对消费者自我—品牌联结的影响机制等

◎叶生洪 著

暨南大学出版社
JINAN UNIVERSITY PRESS

中国·广州

图书在版编目（CIP）数据

自我—品牌联结影响机制研究/叶生洪著．—广州：暨南大学出版社，
2017.10
ISBN 978 – 7 – 5668 – 2053 – 2

Ⅰ．①自…　Ⅱ．①叶…　Ⅲ．①品牌—研究　Ⅳ．①F272.3

中国版本图书馆 CIP 数据核字（2017）第 022074 号

自我—品牌联结影响机制研究
ZIWO—PINPAI LIANJIE YINGXIANG JIZHI YANJIU
著者：叶生洪

- -

出 版 人：徐义雄
策划编辑：张仲玲
责任编辑：高　婷
责任校对：张学颖　黄志波
责任印制：汤慧君　周一丹

出版发行：暨南大学出版社（510630）
电　　话：总编室（8620）85221601
　　　　　营销部（8620）85225284　85228291　85228292（邮购）
传　　真：（8620）85221583（办公室）　85223774（营销部）
网　　址：http://www.jnupress.com
排　　版：广州市天河星辰文化发展部照排中心
印　　刷：深圳市新联美术印刷有限公司
开　　本：787mm×960mm　1/16
印　　张：8.75
字　　数：140 千
版　　次：2017 年 10 月第 1 版
印　　次：2017 年 10 月第 1 次
定　　价：26.00 元

前　言

除了产品的使用价值及其他基本功能，消费者渐渐开始关注产品品牌，并期望通过品牌形象与自身形象一致或相似的品牌消费来构建、强化和传递自我概念，形成消费者自我—品牌联结，并以此来满足消费者表达自我、寻求群体归属和社会认同的心理需求。当消费者借用品牌联想来构建自我或向他人传递自我概念时，消费者与品牌的这种联结就建立起来了。

本书从中国文化背景角度出发，构建相关理论模型，通过实验法探讨品牌象征意义、品牌原产地等品牌自身因素对消费者自我—品牌联结的影响机制；同时用实证研究探讨了社会地位、社会圈子这类中国社会文化背景因素对于消费者自我—品牌联结的影响；此外，本书还将消费者自我—品牌联结的影响机制应用于部分消费场景和品牌管理场景中，以期对企业实践有所启示。

作　者
2016 年 11 月

目 录
C O N T E N T S

上编　消费者自我—品牌联结的影响机制

下编　消费者自我—品牌联结与品牌管理

① 导 论

1.1 消费者—品牌关系的演化

维持消费者与品牌之间的关系已经成为企业竞争制胜的战略举措。品牌具有一些拟人的行为特征，人们把消费者与品牌之间的关系类比为一种人际关系，而非将品牌单纯地看成一种静态符号和标志。

消费者—品牌关系存在不同的状态，按照两者关系是否牢固，可以分成弱关系和强关系。弱关系意味着消费者对品牌的依恋程度低，消费者与品牌之间的关系比较松散和脆弱，外界的影响或自身的变化能够使得消费者—品牌关系发生断裂；强关系表示消费者对品牌的依恋程度高，消费者与品牌之间的关系比较紧密和牢固，不太容易断裂。按照消费者对品牌的忠诚度可以分为低忠诚度和高忠诚度。低忠诚度意味着消费者在有需求的情况下对某一品牌的产品的购买倾向性不高，重复购买的频率较低；高忠诚度表示消费者在有需求的情况下会优先购买某一品牌的产品，重复购买的频率较高。而按照关系强弱和忠诚度高低，可以把消费者—品牌关系分成四种状态：

（1）过客关系，即弱关系—低忠诚度。

过客关系是一种临时关系，往往存在于消费者与品牌接触的初期。由于消费者与品牌之间处在相互了解的过程之中，两者的关系就如过客一样，既有进一步发展的可能，也有随即结束的可能。消费者需要了解品牌，获得品牌体验；而品牌企业也需要对消费者做出初步的判断，判断他们是否属于目标顾客群和有价值的顾客群。消费者不会积极维护初次接触的品牌形象。

（2）朋友关系，即强关系—低忠诚度。

随着消费者与品牌的交流增加，消费者对品牌的认可度逐渐提高，关系逐渐变得亲密，如朋友一般。但消费者在购买商品时仍有许多选择，并非局限于一个品牌，而是在其偏好的几个品牌间游离，随机购买。这时候品牌也试图通过提供一些客户服务来加深与消费者之间的关系。

（3）邻里关系，即弱关系—高忠诚度。

由于品牌具有独特的空间定位或者具有某种暂时性的独特优势，其他品牌无法替代，这时消费者与品牌之间的关系就如邻居一般，表现出表面稳定的关系，消费者对品牌有依赖性。但品牌一旦失去优势或被其他品牌模仿和超越，消费者就会扬长而去，因此这种关系是一种暂时性的稳定关系。

（4）亲人关系，即强关系—高忠诚度。

品牌已融入消费者的日常生活，消费者已从心底里完全认同品牌，把品牌视为自身生活不可缺少的一部分，表现出品牌沉溺行为。品牌注重发展关系价值，专注于满足消费者的特定需要，始终能为消费者提供不可模仿的消费价值和独特的消费体验。品牌与消费者之间表现出高稳定关系，因此这种关系是一种比较持久的关系。

对企业而言，消费者—品牌关系由过客向亲人演变是理想的演变方向。然而在竞争环境作用下，关系演变方向往往还受到竞争者竞争策略以及消费者心理认知的影响，并且在两者关系中会表现出个体差异性。个性消费者与品牌之间的关系并不都是同质的，同一个消费者与不同品牌之间往往具有不同的关系状态。消费者个性和期望不同，与品牌之间的交流引起的情感变化也会不一样。但是，对一个企业来说，建立品牌与消费者的长期稳定的联结关系是其最关注的。

消费者—品牌关系从一种状态转变为另外一种状态，具有不同的演变形式。从演变的连续性而言，存在线性演变和非线性演变。线性演变是指随着消费者与品牌接触时间的增加，品牌对关系投入的增加，消费者与品牌的关系变得愈来愈密切。比如，消费者通过对产品的试用和了解，加深了对品牌的印象。非线性演变是指企业对品牌关系的投入达到一定程度之后，消费者与品牌的关系才会发生质的变化。企业通过电视媒体反复播放认知性的广告并不会加深消费者与品牌的关系。一般来说，线性演变是一种在短期内或者在理想状态下的演变方式。在现实中，消费者—品牌关系受到多种因素的影响，呈现一定的波动性，一些突发性的事件会导致消费者—品牌关系发生非线性演变。比如，产品质量出现严重问题时会使消费者与品牌的关系坠入谷底；在大自然灾害面前，企业慷慨的慈善捐赠行为可能使消费者对品牌产生无比的热爱。消费者—品牌关系在一定时期呈现线性演变的特征，但在总体上表现为非线性演变。

消费者—品牌关系的非线性演变源于消费者与品牌之间的利益交换。情感交流和社会环境影响的耦合作用，消费者与品牌之间的关系以利益交换为基础。如果关系双方的利益交换呈线性方式递增，在无其他因素影响的前提下，短期内的消费者—品牌关系将以线性方式变得密切，但在较长的时间里，消费者—品牌关系发展会受到关系双方情感变化和社会环境的影响。在消费者与品牌的利益交换过程中，随着消费者对品牌的认知发展和体验的增加，消费者与品牌之间的情感交流深度发生变化。品牌情感是消费者对品牌产生的主观意识情感变换，是一种非线性的心理变化过程，这种变换在心理上存在一个累积的过程。当消费者对品牌的情感体验累积到一定程度时，情感就会发生质的变化，形成不同于以往的情感态度。

消费者—品牌关系作为一种社会关系，存在于一定的社会环境里。社会环境中的各种因素都将对消费者—品牌关系产生积极或者消极的影响，它们通过对消费者的品牌认知和品牌体验施加影响，形成综合的影响力。这种综合的影响力有可能在一定的时期内改变消费者—品牌关系的演变方向和发展轨迹。

消费者—品牌关系演变的驱动力来自企业、消费者和竞争者。面向竞争的企业都有充足的动力促进消费者—品牌关系演变，以改善企业绩效，实现可持续经营。企业期望通过改善消费者—品牌关系，使之朝着对自己有利的方向演变。有的企业试图通过改善产品质量，提高消费者满意度，实施消费者忠诚计划，增进与消费者的沟通交流，使消费者—品牌关系向亲人关系演变。

　　消费者的利己需要也将促进消费者—品牌关系演变。消费者为了规避产品风险，更愿意购买知名品牌产品。为了得到更多的价值，消费者可能会迅速成为品牌的忠诚顾客。消费者的利己需要也可能促使消费者—品牌关系恶化，使其朝着对品牌不利的方向演变。当消费者的经济条件或者社会地位发生变化时，消费者可能会改变对以往品牌的态度，倾向新的品牌。消费者可能由于社交需要、价值观或者消费观的改变而重新审视自己与品牌之间的关系，并进行调整。

　　竞争者是消费者—品牌关系演变的重要驱动力。正是由于竞争者的存在，企业才有改善消费者—品牌关系的压力和动力。竞争者在消费者—品牌关系演变中扮演破坏者的角色。竞争者采取正当或不正当的竞争手段，破坏和瓦解竞争对手的消费者—品牌关系，使其关系恶化，为自己建立和发展消费者—品牌关系创造机会。比如，竞争者通过开发新产品，采取优惠促销策略等措施吸引竞争对手的消费者，也可能采取散布谣言、诋毁声誉、制造危害事件等不正当手段，故意损害竞争对手的消费者—品牌关系。

　　消费者与品牌之间的关系从无到有，从浅到深，有一个形成过程。

　　（1）建立。

　　消费者—品牌关系的建立首先来自品牌信息的传递和消费者对品牌信息的搜寻产生的品牌信息接触。品牌意味着质量、承诺、安全和可靠，蕴含着价值观和承载着企业的文化。消费者的购买行为从信息搜寻开始，由于品牌可以降低消费者的比较成本和购买风险，因而成为消费者信息搜寻的重点对象。

　　感知风险和购买涉入是消费者愿意与品牌建立关系的重要决定因素。在感知风险和购买涉入高时，关系营销可以充当一个使消费者保持认知一致性和心里舒畅的补充工具，无论产品还是服务，品牌能够作为关系杠杆的支点。由于生产与消费的时空分离以及买方对卖方信息掌握具有不对称性，企业需要使用品牌标示产品。通过广告、口碑和各种宣传手段展示其对消费者的态度，引起消费者的注意，使消费者对品牌产生认知，激发消费者的兴趣。当品牌进入消费者的视线时，双方便有了信息接触，消费者将对品牌做进一步了解，对所收集到的品牌正面信息和负面信息进行加工，对品牌形成初始态度，以确定是否将其列入考虑范围，最后做出购买决策。由于品牌信息传递和品牌信息搜寻的过程都存在主动和被动的情形，消费者—品牌关系的建立既可能是双方的主动行为，也可能是一方主动和另一方被动的行为，还可能是双方的被动行为。

（2）发展。

消费者—品牌关系的发展源于双方的互动及其发生的情感交流，而不仅仅是品牌信息接触和交流。在消费者与品牌的互动中，消费者对品牌增进了解，建立信任。互动中的消费者将对品牌产生情感上的寄托，逐渐对品牌产生归属感、认同感，形成品牌依恋。消费者与品牌的关系互动主要是通过品牌体验与品牌关怀的方式进行的。消费者在品牌体验中感知品牌个性，体味品牌形象，产生品牌联想，形成稳定的品牌态度。研究表明，品牌体验可分为个体体验和共享体验。个体体验对品牌联想、品牌个性和品牌态度具有显著的影响。个体体验与共享体验通过品牌联想、品牌个性、品牌态度和品牌形象形成积极的消费者—品牌关系。品牌关怀是以品牌为主体，主动吸纳消费者的反馈意见，不断改进产品质量，帮助消费者感知和利用品牌价值，实现消费者的物质满足和精神满足。品牌关怀是品牌企业通过员工和客户服务人员主动对消费者开展的情感交流活动，比如关注消费者的品牌体验，按照消费者的意愿强化品牌个性，突出品牌形象。消费者—品牌关系的发展程度取决于双方的意愿和努力程度。由于消费者存在个体差异，每个个体的消费者—品牌关系可能会发展为不同的状态。

（3）保持。

当消费者—品牌关系发展到了一定状态，即使企业增加投入，也不能使消费者—品牌关系得到更大的改善时，保持现有的状态是一种理性选择。企业尽可能把消费者—品牌关系维持在一种理想的状态，比如亲人关系，以保持消费者的品牌资产。研究认为，拥有忠诚的、长期的消费者能够使企业具有更低的单位成本和更高的市场占有率。要在财务上胜过竞争者，低流失率战略胜过低成本战略。

良好的消费者—品牌关系有助于企业实现品牌资产价值最大化。有研究提出，通过管理消费者—品牌关系来建设品牌资产。积极的消费者—品牌关系能够激起消费者对品牌强烈的情感依恋和很高的购买意向。企业通过制订一系列的顾客忠诚计划和售后服务措施，加强与消费者的沟通交流，不断提高消费者价值观，创新消费者满意行为规范，可以使消费者—品牌关系保持在一种积极、良好的状态。有的企业打造网络品牌社区，为消费者提供一个分享品牌体验的平台，试图通过建设品牌关系网络强化消费者—品牌关系。无论企业采用什么策略和措施，要有效地保持良好的消费者—品牌关系，关键在于品牌能否满足消费者不断变化的需要。在消费者个性张扬的当今时代，消费者的需要一直处于不断变化中，品牌始终要以满足消费者的动态需要为目标。

（4）衰退。

消费者—品牌关系衰退是指消费者与品牌之间关系的密切程度和忠诚度呈衰减和下降趋势，当企业不能妥善维护好消费者—品牌关系时，就会出现关系衰退，关系变得越来越脆弱。关系衰退是由于买卖双方缺乏积极的行动和沟通造成的，任何一方采取消极的态度和行为都会引起关系衰退。当企业忽视消费者的反映，对消费者的品牌诉求表现冷淡时，将打击消费者支持品牌的热情。比如，企业不采纳消费者的合理建议，不能对消费者的抱怨做出及时的回应，会使消费者产生负面情绪。消费者也可能因为主观原因或者客观原因对品牌产生消极态度，比如，由于收入或者消费观念发生变化，消费者对品牌的态度发生改变；消费者对品牌的产品失去新鲜感，其对品牌的热情自然减弱；有的消费者喜新厌旧，喜欢尝试其他品牌的产品，以致冷淡以前熟悉的品牌。一些品牌企业的社会行为没有满足消费者的期望，比如在自然灾害面前企业慈善捐款额太低等，也会使消费者产生失落感，引起消费者对品牌的不满。当然，竞争者的促销策略也会在一定的程度上对消费者—品牌关系产生负面影响。

（5）断裂。

消费者—品牌关系断裂是指消费者与品牌之间的行为和情感互动终止。当消费者与品牌的关系衰退到了一定程度，就会引起关系断裂。在关系发展过程中，关系断裂随时都可能发生，消费者—品牌关系断裂可能发生在关系的各个阶段。

关系维持需要消费者与品牌的共同配合和努力，而关系断裂只需要一方采取行动即可完成，关系断裂通常是由消费者采取的单方面行动。在竞争激烈的市场环境中，消费者拥有更多的品牌选择机会，如果消费者认为某一品牌已经不能满足他们的需要和期望时，他们就会抛弃原来喜欢的品牌，重新选择合意的品牌。当品牌属性和价值发生变化，或者品牌出现损害消费者利益的负面事件时，更容易促使消费者中断与品牌的关系。

企业也可能主动与那些不能给其带来价值的消费者终止关系。当消费者与品牌都认为关系延续没有任何价值时，双方都会做出终止关系的决定。竞争品牌的出现是消费者—品牌关系断裂的重要诱因，竞争者通常会采取更优惠的促销策略抢占市场，瓦解消费者与原来品牌的关系，从竞争对手手中抢夺消费者。

除了消费者与品牌的主观意愿因素，一些不可控制的环境因素也会引起关系断裂。比如，贸易政策的变化使消费者无法买到进口品牌的产品；品牌分离引起消费者—品牌关系断裂。

（6）再续。

消费者—品牌关系再续是指消费者与品牌之间的关系在断裂之后得以重新恢复和延续。消费者—品牌关系断裂并不意味着永久断裂，在一定的条件下，断裂后的消费者—品牌关系仍然可以恢复。当企业认为品牌与消费者的关系断裂给自己造成了一定的损失，便会主动与消费者修复关系，再续关系能够给企业带来价值。研究发现，新的消费者仅能带来23%的净投资收益，而与流失的消费者再续关系能得到214%的净投资收益。

消费者—品牌关系的本质是利益交换，企业要想将消费者—品牌关系恢复到以前的良好状态，可能需要付出一定的代价，使消费者感知关系再续的价值。对那些已经转换品牌的消费者，企业需要提供比竞争品牌更多的价值，才能使他们回心转意。如果是因为品牌出错而引起的消费者流失，企业需要给予一定的补偿才能够使流失的消费者回头。针对不同原因造成的断裂，企业需要采取相应的关系再续策略。关系再续也可能出自消费者内心的需要，比如消费者的怀旧情怀使其产生与过去品牌恢复关系的意愿。

1.2　本书研究框架

除了产品的使用价值及其他基本功能，消费者渐渐开始关注产品品牌，并期望通过品牌形象与自身形象一致或相似的品牌消费来构建、强化和传递自我概念，形成消费者自我—品牌联结，并以此来满足消费者表达自我、寻求群体归属和社会认同的心理需求。当消费者借用品牌联想来构建自我或向他人传递自我概念时，消费者与品牌的这种联结就建立起来了。

本书从中国社会文化背景角度出发，构建相关理论模型，通过实验法探讨了品牌象征意义、品牌原产地等品牌自身因素对消费者自我—品牌联结的影响机制；同时通过实证研究探讨了社会地位、社会圈子这类中国社会文化背景因素对于消费者自我—品牌联结的影响；此外，本书还将消费者自我—品牌联结的影响机制应用于部分消费场景和品牌管理场景中，以期对企业实践有所启示。

1.3　本书研究方法——实验法

实验法是一种按照某种因果假设设计的，在高度控制的条件下，通过人为操纵某些因素，以检定两种现象之间是否存在着一定因果联系的研究方法。作为一种特定的研究方式，实验法涉及三对基本要素：自变量与因变量；前测与后测；实验组与控制组。

实验法的一般步骤：

①发现并提出问题；

②收集与问题相关的信息；

③作出假设；

④设计实验方案；

⑤实施实验并记录；

⑥分析实验现象；

⑦得出结论。

上编

消费者自我—品牌联结的影响机制

② 消费者自我—品牌联结的内涵

在买方市场下，市场竞争日趋加剧，消费者忠诚培育成为一个棘手的问题，依靠增加退出障碍（如垄断市场、增加转换成本等）所形成的"人质顾客"，只会导致"虚伪忠诚"，甚至"品牌憎恨"（王财玉，2013），最终导致消费者流失。长期、有效的消费者忠诚必须建立在消费者对企业的信任与自愿之上，于是，"关系营销"出现了，它描述了消费者和品牌之间可以形成类似于人际关系一样的高质量关系。

此外，随着技术扩散加速，产品同质化倾向也在加剧，对于同类产品，其功能特征基本相似，在这种情况下，企业只有从功能诉求转向心理诉求，通过赋予品牌一定的心理意义，让消费者对品牌产生独特的心理体验，这样既可避免与竞争对手直接对抗，还能让消费者自愿与品牌联结在一起，从而形成高质量的消费者—品牌关系，实现顾客忠诚。

在体验经济时代，消费者购买行为不再仅仅是功能性需求的满足，自我建构、表达的需求越来越强烈，如 De Fraja（2009）发现，人们希望将自身不可视的积极特质通过显性消费表达给异性。在体验时代，商品已被符号化或意义化，如"芭比娃娃（Barbie）"寄托了收藏者纯真的少女梦想，"万宝路（Marlboro）香烟"满足了消费者"西部牛仔"的英雄情怀，而"哈雷—戴维森（Harley-Davidson）摩托"则表示车迷们认同霍布斯的价值观和道德体系。消费者通过与品牌的心理联结，将这些意义元素融入自我概念中，并不自觉地成为"品牌的俘虏"，甚至产生了一种以"激情、高强度态度以及长期品牌关系"为内涵的品牌至爱（brand love）（Batra，

Ahuvia & Bagozzi，2012）。这就是消费者自我—品牌联结（self-brand con-nections，简称 SBC）的表现形式，它是一种高质量的消费者—品牌关系。

消费者自我—品牌联结对营销者和消费者都具有重要价值，但已有的研究缺乏系统梳理，对此，本书在界定消费者自我—品牌联结内涵的基础上，重点探讨其影响机制，从而揭示出消费者—品牌关系的变化规律，进而为我国企业市场的细分、品牌定位提供参考。此外，本书还讨论了赠礼情景下礼品品牌形象对购买意愿的影响以及员工沟通行为与品牌个性的匹配性对顾客品牌态度的影响。

在消费社会中，自我是影响品牌消费的重要内容，自我对品牌消费的影响本质是对作为品牌所承载文化或心理意义的转移和占有（Wattanasuwan，2005），使品牌作为自我概念的一部分而存在（Park，Macinnis & Priester，2006）。自我具有多重性，包括个体性自我（反映了个体区别于他人的特征）和社会性自我（反映了个体被他人或群体所认同的特征）。不同自我所驱动的消费动机不同，特定自我导致了对特定品牌意义的占有和诠释：Elliott 和 Kritsadarat（1998）认为，消费者通过品牌意义可以对外构建社会识别，体现与社会的关系，而对内构建自我认知，体现自我的个体特征；Cooper，Mc Loughlin 和 Keating（2005）认为，品牌可以在消费者个体性和社会性两个层面上建构心理意义；Helen 和 Susan（2011）采用存在主义现象学访谈法发现，消费者在消费过程中围绕"我可以掌控""我就是我""我分享、我喜欢"以及"我属于"四个层面构建不同水平的自我；Aguirre-Rodriguez，Bosnjakb 和 Sirgy（2012）认为，消费者自我—品牌联结所涉及的是品牌形象与现实自我、理想自我、社会自我以及社会理想自我之间关系的匹配性。

消费者使用品牌构建、表达自我的维度可以归为两类：①在自我的个体特征方面，品牌能够表现其拥有者的年龄、性别、需要、生活方式、价值观、个性、能力等；②在自我的社会特征方面，品牌则能体现消费者的身份、角色以及归属群体等。并且这些不同层面的联结，随着消费者与品牌在认知、情感纽带上联结程度的差异，还会表现出程度的不同，如自我形象与品牌形象一致性、品牌依恋、品牌至爱以及粉丝崇拜等（Escalas，Jennifer & James，2003；Park，Mac Innis，Priester et al.，2010；Park et al. , 2006；Jahn，Gaus & Kiessling，2012；Lee，Smith，2008）。所以，本书中消费者自我—品牌联结的内涵是指消费者使用品牌构建、强化以及表达个体性或社会性自我的程度。

2.1　消费者自我—品牌联结的机制

来自消费者和营销者两方面的实践，为消费者自我—品牌联结机制的形成提供了不同的视角：消费者品牌认同的视角和企业品牌意义传播的视角。

2.1.1　消费者品牌认同的视角

消费者认同在消费者自我—品牌联结的形成过程中起着重要作用（Oyserman，2009）。认同可以分为个体认同（individual identity）与社会认同（social identity），消费者会根据认同的不同维度，构建出一系列从个体性到群体性再到更加普遍的民族层面上的消费者自我—品牌联结。消费者既会构建基于自我价值满足的个体性自我品牌联结（如功能性、享乐性、象征性价值满足等），还会构建群体性品牌联结，甚至民族性品牌联结。

1. 消费者品牌认同的层面

第一，自我价值认同。从资源交换理论和自我概念理论出发，Park 等（2006）指出，有三种类型的价值与品牌依恋（品牌联结的一种形式）的形成相关。功能性（functional）价值，当品牌提供消费者需要的功能性价值时，使消费者实现自我目标，赋予消费者一种效能感。享乐性（hedonic）价值，当品牌提供享乐性价值时，品牌就可以通过提供感官的享乐等来满足消费者个体性的需求。象征性（symbolic）价值，品牌作为一种文化资源能提供与消费者有关的社会角色或身份信息，当消费者不熟悉自己的社会角色或者渴望角色转换时，往往会利用带有角色象征意义的品牌来定义自我社会角色（Kleine，Brunswick，2009）；当消费者为了满足其社会地位或身份需求时，往往与拥有地位信号的品牌进行联结。据研究发现，激发个体无助的感觉会增加炫耀性消费的兴趣，Sivanathan 和 Petut（2010）的研究也表明，美国中低收入消费者对高地位品牌具有更强的支付意愿。这三种价值的满足可以让消费者形成较强的品牌联结，但不同类型的品牌联结存在着年龄差异。Jahn, Gaus 和 Kiessling（2012）研究发现，以功能满足为基础的品牌信任对年轻老人（50 岁）的品牌联结影响较大，而以象征性伙伴关系为基础的情感联结对年长老人（70 岁）具有更大影响。

第二，社会群体认同。消费者在通过品牌意义强化自我概念形成品牌联结时，会受到周围参照群体的影响。消费者在向社会传递自我时，会通过品牌消费满足自我肯定与群体归属的需要（Gao et al., 2009; Park & John, 2010; Swaminathan, Stilley & Ahluwalia, 2009），当消费者所渴望群体与某品牌联系较紧密时，消费者就会赋予该品牌比较正性的意义，并利用该品牌来建构、表达自我，否则，消费者会拒绝与该品牌产生联系（Escalas & Bettman, 2003, 2005）。如杜伟强、于春玲和赵平（2009）研究发现，消费者会使用与渴望群体一致的品牌形象来表明自己渴望是什么类型的人，也会使用与规避群体相悖的品牌形象来表明自己不是什么类型的人。

那么，营销者如何利用消费者群体认同促进品牌联结的形成呢？在营销实践中，越来越多的企业通过建立品牌社区（brand communities）引导消费者积极参与社区活动，如"吉普车社区"开展的一些越野、爬山等户外活动。品牌社区是以品牌为节点形成的社会关系，是商品信息环绕下的社会群体，品牌社区成员拥有相似的价值和兴趣，共享社区的仪式、规范、习惯、传统以及目标（Schau, Muñiz & Arnould, 2009）。当消费者认同品牌社区这个社会群体时，那么，消费者就会认同该品牌，进而用品牌去建构自我。研究发现，品牌认同影响消费者自我—品牌联结，但消费者对品牌社区与品牌形象相似性的知觉会调节消费者自我—品牌联结。

第三，民族（国家）身份认同。Swaminathan, Page 和 Gürhan-Canli（2007）认为，品牌可以用来强化民族认同。品牌态度差异会因品牌来源国而变化，这便是品牌来源国联结（brand country of origin connection）。当对品牌属性进行评价时，消费者往往借助头脑中已有图式做出判断，品牌来源国联结体现了品牌所拥有的民族特性，这种民族特性能引发消费者的品牌联想，激发他们的民族（国家）认同，建立起品牌来源国偏好，从而实现品牌忠诚。当涉及民族利益时，消费者往往通过一定的消费行为表达爱国热情。例如，当法国拒绝参加由美国主导的伊拉克战争时，美国消费者开始抵制购买法国制造的电子产品，但增加了对本国电子产品的购买（Swaminathan，Page & Gürhan-Canli，2007），这也充分说明消费者可以通过民族身份认同产生品牌联结。

2. 消费者品牌认同的动机

第一，自我一致动机（self-congruity）。自我一致动机是指那些与消费者自我概念相似的品牌更容易与消费者形成品牌联结。人们普遍喜欢那些与自己相似的人，如兴趣方面的相似性可以加强彼此的社会联结（Boer et al.，2011）。这种由相似而带来的联结也可以应用到消费领域，当品牌形象和消费者自我某一特征相匹配时，它就会被选中和购买（Wattanasuwan，2005），进而带来满意度和忠诚度，并且无论是情感性产品还是功能性产品都表现出这种影响效应（Huang，Mitchell & Rosenaum-Elliott，2012）。随着研究的深入，消费者自我—品牌联结的一致性动机不仅表现为品牌形象与自我形象的一致性，还包括品牌形象与消费者生活方式、价值体系的一致性。

第二，自我提升动机（self-improvement）。自我提升动机是指可以满足增强自尊需要的品牌更容易与消费者形成品牌联结。消费者倾向于以积极形象评价自我、呈现自我，并且不同年龄阶段均表现出这种品牌价值偏好：Rhee 和 Johnson（2012）研究发现，年轻消费者与服装品牌的联结更多受社会理想自我的影响，尤其对于没有建立起社会认同的男性更为明显，即使是作为消费者的儿童也表现出这种倾向（Hémar-Nicolas & Golle-ty，2012）。此外，Ying 和 Yao（2010）通过对 1 120 名老年消费者进行研究发现，老年消费者知觉到的年龄（self-perceived age）比生理年龄对消费行为影响更大，并且超过一半的受访者都感觉到自己比实际年龄要年轻。

第三，产品性质论。产品性质论是指不同类型产品其消费者自我—品牌联结动机不同。按产品属性（奢侈品/必需品）和使用场合（公共/私人）可以将品牌分为四类。对于在公共场合使用的品牌来说，多涉及尊严、地位、身份等，消费者通过消费者自我—品牌联结实现自我提升的动机较大；而对于在私人场合使用的品牌来说，主要注重自我体验，受自我一致动机影响较多。相对于必需品的功能性满足，奢侈品主要是满足消费者对社会认同的需求，自我提升动机对品牌联结影响较强。

第四，反应模式论。反应模式论是指消费者存在固有的消费倾向，不同消费者的品牌联结动机存在差异。比如，相对于低自尊者，由于高自尊者具有较强的自我服务偏见，所以，高自尊者更倾向于自我提升消费（Aguirre-Rodriguez et al.，2012）。此外，在试图维持和保护原有自我概念程度上，消费者之间存有差异。高自我维持取向个体，目标指向的是过去，倾向于联结与自我概念一致的品牌，从而在时间维度上保持自我的连贯性与一致性；而低自我维持取向个体，目标指向的是将来，则更愿意联结能提升自我的品牌。

2.1.2　企业品牌意义传播的视角

消费者自我—品牌联结形成是指消费者采用品牌意义构建、表达自我，那么，从营销者的角度如何促使消费者实现品牌联结呢？第一，要挖掘出能触动消费者内心的品牌意义；第二，要有效传播该品牌意义；第三，要保证消费者对该品牌意义的理解符合企业初始设计。从营销者的角度来说，只有完成这三步，才能促进消费者自我—品牌联结的形成。

1. 品牌意义的挖掘

挖掘能触动消费者情感的品牌意义，既可以从消费者的生活经历、需求、价值观和生活方式中获取，也可以从文化世界系统中挖掘。近年来，在营销领域里，利用消费者怀旧心理、集体潜意识挖掘品牌意义备受关注。

第一，利用消费者怀旧心理挖掘品牌记忆。消费者怀旧心理是老字号品牌活化的重要途径。品牌活化强调品牌意义的复活（revival of brand meaning），其机理是利用怀旧刺激唤起消费者的怀旧情感，激起过去的情景记忆，从而产生购买欲望。近年来，通过个体怀旧方式挖掘的品牌意义在营销领域备受关注，并取得了显著的成效（薛婧、黄希庭，2011），如英国知名糖果品牌吉百利（Cadbury）于2008年以"怀旧能给人带来美好感觉"为诉求点，将已停产的吉百利巧克力投放市场，创下了一周100万根的销售业绩；而美国的通用磨坊公司（General Mills）、百事可乐公司（Pepsi Co.）和康胜啤酒公司（Coors），也通过在包装上设计怀旧元素，以此提高产品的销售量（薛婧、黄希庭，2011）。

第二，利用集体潜意识挖掘品牌原型。荣格认为，原型是由人类初民在远古时期反复经历的、对其身心进化产生重大影响的事件所形成的一种心理模式，同时也是人类集体潜意识的表现形式，玛格丽特和卡罗斯（2003）以"原型"为基础创造了"品牌原型"（brand prototype）这一概念。通过两对相对立的四类人性动机：归属（人际）—独立（自我实现）与稳定（控制）—征服（冒险），品牌原型被分为4类12种：没有人是孤独的（凡夫俗子、情人和弄臣）、向往天堂（天真者、探险家和智者）、立下秩序（照顾者、创造者和统治者）、刻下存在的痕迹（英雄、亡命之徒和魔法师）。比如著名品牌"星巴克"的形象源自于《白鲸记》中捕鲸船"皮考特号"的大副，他展示了一个处事冷静、极具人格魅力的"探险者"原型。在当今体验消费时代，品牌可以通过"唤醒"人类心智结构中古老的"心理原型"，满足人类深层次需求，一个品牌若是被消费者与这些心理原型联想在一起，也就实现了消费者与品牌的联结，从而将文化力量变成市场竞争力和企业效益。

2. 品牌意义的传播

品牌意义传播的载体：能够作为品牌意义传播的载体的产品需具备以下三个条件：第一，产品使用具有可视性，即这些产品的购买、使用能够为他人所觉察，这是品牌意义传播的前提条件；第二，产品占有具有阶层性，即某些消费者有能力去购买，另一些消费者则无力消费，如果每人都能拥有一辆"宝马"，那么这一产品的差异性就会消失，"宝马"也就不具有社会区隔的功能；第三，产品拥有具有表达性，即商品能在某种程度上体现消费者的兴趣、角色、身份等。所以，并非所有产品都能够建构或表达自我，只有那些能够体现消费者个体性或社会性特征的产品才能够更好地充当品牌意义传播的载体，也才能有效形成消费者自我—品牌联结。

品牌意义传播的途径：首先，广告系统。广告对于实现消费者与品牌间联结起着重要的桥梁作用（Park，John，2012）。广告是传播品牌意义、塑造品牌形象的重要手段，因为广告可以通过诉求方式突出品牌所在情境，促进消费者品牌联想，如阿迪达斯（Adidas）通过广告讲述"Gilbert Arenas"在NBA穿"0"号球衣的故事将"奋斗者形象"与阿迪达斯联系在一起。但要实现消费者自我—品牌联结还要受到以下因素的影响：第一，广告诉求要与产品类别相匹配，比如，想象或情感诉求广告能有效地提高体验型产品的品牌评价和购买意愿，而对于功能型产品影响效果不显著（姚卿、陈荣，赵平，2011）；第二，广告诉求效果还要受到消费者自我认知的影响，当消费者认为自我概念定型后，信息性广告诉求说服效果更好，而当消费者认为自我概念具有可改变性时，自我提升性广告诉求会更好（Park，John，2012）。其次，时尚系统。与广告相比，时尚系统关于品牌意义的传播更容易为消费者接纳，并拥有更多传播渠道塑造消费者自我—品牌联结，这些渠道主要有：报纸、电视、网络或杂志等媒介，时尚领航者（上流社会、电影明星等）和社会文化变革者（新生代、同性恋等）。时尚系统可以借助报纸、电视、杂志以及网络等媒介手段，把一些最新样式的消费对象（如服装、珠宝、家具等）与特定社会群体的价值标准相联系，也可以通过对现有文化意义进行变革或者"创造"来影响文化意义向品牌的注入，从而实现消费者自我—品牌联结。

3．品牌意义的理解

品牌意义的理解是形成品牌联结的关键阶段。消费者通过间接体验（如广告）和直接体验（如购买、使用产品），并且结合自己的经历和生活环境，形成品牌意义的个人理解（Elliott，Kritsadarat，1998），从而构建出个体性的消费者自我—品牌联结，然后经过消费者与消费者之间的社会互动才能形成社会共识，进而上升为社会层面上的品牌联结，如不同社会阶层品牌消费所存在的差异。但消费者的感知过程并不是被动接受，他们不仅将积极、主动的品牌知识注入品牌意义中，甚至还可能过滤、再创造甚至颠覆广告传播中企业策划的意义。

消费者品牌知识的形成既会受到个体经历的影响，也会受到消费者所在群体与文化的影响（Berthona et al.，2009），所以，消费者对品牌意义的理解会存在两种类型的差异：消费者对品牌意义的理解与企业传播意义之间的差异；消费者与消费者（或者不同消费者群体）之间所存在的差异。这两类差异的存在对消费者自我—品牌联结形成至关重要，因为它可能会导致品牌意义传播的失败。Berthona 等（2009）提出了两个模型并对其进行了阐释，这两个模型告诉企业在品牌意义传播过程中，应该关注消费者所在群体或文化对品牌意义理解的影响，比如，国际品牌传播过程中要注重品牌意义本土化，这样才有利于品牌联结形成。

2.2　消费者自我—品牌联结的影响效应

1. 品牌态度

消费者自我—品牌联结有利于提升品牌态度的强度（Cheng，White & Chaplin，2012）。如 Moore 和 Homer（2008）通过研究大学生对 WNBA 的态度发现，消费者自我—品牌联结会导致较强的品牌态度，具体表现为：在认知维度上，消费者自我—品牌联结影响消费者的价值感知，能预测消费者的溢价支付，即为了得到自己渴望的品牌价值愿意付出更多的货币、时间等成本（姜岩、董大海，2008）；在情感维度上，消费者自我—品牌联结会导致情感依恋、品牌至爱（Hwang，Kandampully，2012）；而在行为意向上，消费者自我—品牌联结有利于品牌承诺（口头）的形成，品牌承诺是消费者将来与企业（品牌）保持关系的意向，品牌承诺是消费者自我—品牌联结的影响结果（Belaid，Behi，2011）。

2. 品牌忠诚

品牌忠诚的操作定义是以消费者重购次数来界定的。Gntbrie，Dim 和 Jung（2008）认为，当品牌成为一种自我象征，品牌形象有助于强化消费者自我概念时，会对品牌忠诚产生重要影响，较强的品牌联结会表现为时间的持久性、对竞争性品牌说服信息的抵抗性等特征，这些都是品牌忠诚的表现形式（王财玉，2013），而这也是营销实践者最为关注的。比如"粉丝"是一种类宗教狂热的品牌联结形式，Lee 和 Smith（2008）研究发现，粉丝存在一种稳定的、可预测的隐性消费行为，这与普通消费行为的随机性、偶然性、不可预测性形成对比。

3. 品牌延伸

积极的品牌关系是品牌延伸成功的重要影响因素。消费者与品牌的关系是一种等级结构，不同品牌关系形态对品牌延伸效果会产生不同的影响，延伸效果由好到差依次为伙伴、朋友、竞争、认识几种品牌关系，具有认知、情感纽带的品牌联结属于积极、正性的品牌关系，类似于伙伴、朋友的关系。当品牌与消费者自我显著关联时，消费者自我—品牌联结会通过品牌延伸实现企业的利润增长（姜岩、董大海，2008）。

4. 正面口碑传播

消费者满意未必会对品牌进行口碑传播，只有消费者满意度达到很高水平时（如品牌至爱）才会产生后续行为。Kim，Magnini 和 Singal（2011）研究发现，休闲餐厅拥有满足消费者自我体验需求的品牌个性，不仅能增加消费偏爱、态度忠诚，还能加强消费者正面口碑传播行为，这说明体验化需求的满足对口碑传播的影响。消费者自我—品牌联结对口碑传播意愿的影响机制是自我展示，消费者通过告诉别人自己的消费体验，通过展示自我与品牌的关系，获得社会认同感和优越感，从而达到自我展示的目的。

3　品牌象征意义和原产地对消费者自我—品牌联结的影响研究——面子意识和世代的调节作用

3.1　问题的提出

在对消费者自我—品牌联结形成的影响因素的探究上，以往学者多从"参照群体"角度出发，认为其在消费者自我—品牌联结的形成上发挥重要的影响作用，但缺少从品牌属性和消费者自我特点的角度出发的研究，缺少对中国文化背景的思量。许多学者已经发现，很多发生在东方社会中的消费者行为问题，很难从西方营销学理论中寻得合适解释，而这主要是因为东西方的文化背景存在差异。因此，本部分从中国文化背景角度出发，选取具有中国特色的面子意识和世代两个调节变量，探讨品牌象征意义和原产地两因素对消费者自我—品牌联结的影响。

3.2　理论回顾

3.2.1　品牌象征意义

所有品牌都具有一定程度的象征意义。品牌象征意义指的是消费者根据自己的价值观对产品或服务产生的一种主观感受，主要表现为消费者的个人自我特征和社会自我归属两个方面。社会学奠基人齐美尔（1900）指出，象征消费涉及两种符号表现行动：一是示差；二是示同。也就是说，消费者在进行产品消费的过程中，会借助产品品牌象征意义进行象征消费，从而既展现其个人自我特征，又展现其社会自我归属。

品牌象征意义能够体现消费者的个人特征及其渴望联系的社会关系，能够帮助消费者完成一定的社会角色扮演。当消费者进入一个陌生的环境，不熟悉自己所扮演的社会角色或者需要进行角色转换时，往往倾向于使用带有角色象征意义的产品来塑造自我形象，明确自己的角色定位。许多学者对品牌象征意义的研究都认为消费者会选用与自己社会地位和身份相一致的品牌以突出自我概念，避免购买与自我概念相冲突的品牌（陈小平，2002；王新新，2004）。

以往学者从消费者价值角度对品牌象征意义的内涵进行的研究，主要围绕消费者在进行品牌消费时可以获得何种价值展开。Sheth 等（1991）认为消费者在进行品牌消费时，可以获得功能性价值、社会性价值、情绪性价值、知识性价值和情景性价值。Vigneron 和 Johnson（1999）通过对声望品牌的分析，发现声望品牌对于消费者具有五种价值：炫耀性价值、独特价值、社会价值、享乐价值和质量价值。其中，炫耀性价值、独特价值和社会价值属于象征性价值。后来学者把对声望品牌的研究扩展到一般品牌，认为所有品牌都能向消费者表达四种价值：品质保证、个人识别、社会识别和社会地位。其中，个人识别、社会识别和社会地位构成了一般品牌的象征价值。

3.2.2 品牌原产地

品牌原产地指一个品牌的发源地（庄贵军等，2006），根据这一标准，可将品牌分为本土品牌和境外品牌（宫希魁，1999）。任何一国的消费者都会存在一定程度的国货意识，国货意识又名为消费者民族中心主义，指一个国家的国民或消费者出于对本国家或本民族的热爱和认同以及对外国货可能给本国利益造成伤害的忧虑，而对于原产地源自本国的品牌之认同和推崇的程度（庄贵军等，2006）。可见，国货意识是在国民爱国情感、民族经济忧患意识和国民社群身份认同的共同影响下形成的。

已有的关于品牌原产地效应的研究有着不同的结论。有的学者认为，国货意识当中具有一定的应然成分，即一国消费者的国民身份会在一定程度上促使其选择源于本土的品牌。当消费者面临选择国产货与外国货的时候，会偏爱和更多地购买本土品牌，对外国货则会产生抗拒心理。然而，有些学者，如 Netemeyer 等（1995）却认为，在发达国家或地区，消费者偏爱本土品牌，对外国货有抗拒心理；但在大多数欠发达国家或地区，消费者虽然不拒绝本土品牌，却偏爱来自于发达国家的境外品牌（Batra，Ramaswamy，Alden et al.，2000；Wang et al.，2004；Zhou，Hui，2003）。这一现象的发生主要是因为消费者的刻板印象（stereotype）：源自发达国家的品牌产品质量高，技术先进，代表着时尚潮流，而源自不发达国家的品牌产品质量难以获得保证。

我国学者宫希魁（1999）则发现，消费者民族中心主义对本土品牌偏好有直接正向的影响，对境外品牌偏好影响不显著。贺和平和苏海云（2012）的研究也支持了国货意识与本土品牌偏好之间的关系，认为不管是否加入品牌特性变量，"本地货"意识都会正向影响消费者本地品牌偏好，而"本地货"意识、消费者本地品牌偏好与消费者购买行为之间的关系则并不明显。

3.2.3 面子意识

面子文化是中国文化的一个典型，"人活一张脸，树活一张皮"的俗语，形象地揭示了中国人对面子的重视。保全面子是中国人的第一性格，在中国社会生活中具有重要地位。卢泰宏等（2005）也指出，与西方人相比，受他人影响较大是中国人消费行为的显著特点，中国人更重视别人的看法和意见，在消费过程中往往特别在意是否有面子。

面子是指个体期望他人对其自我社会价值予以认同的一种需求感（Ting-Toomey，Kurog & Stella，1998）。面子意识则是个体对面子的一种社会认知。消费者面子意识的高低，会影响其生活习惯和消费决策。面子意识较强的消费者会十分重视身边的参照群体（翟学伟，1994），在其消费过程中更加强调公众可视的东西（Wong，Nancy & Aaron，1998），在做消费决策时，其考虑的一个关键问题就是"购买该产品是否会'丢面子'"。袁少锋等（2009）的研究指出，面子意识是影响消费者身份消费行为的重要原因。丁奕峰（2010）则证实了面子意识对炫耀性消费行为的正向作用。

3.2.4 世代

20 世纪 50 年代，美国学者最先开始研究消费者世代。Mannheim（1952）认为，世代是指在社会与历史前进的过程中，具有"共同位置"

（common location）的一群人，由于他们处在共同的时代位置，会受到特定的生活经历、知识水平、思潮和独特的行动类型的影响。Kuppershmidt（2000）认为，世代是指一群拥有共同生活经历的年龄相近者，其受到相同的社会因素和重大历史事件的影响。由于大家拥有相似的生活经历，所属相同集群的人倾向具有同辈的特质，表现出世代的特征。

以上学者界定了世代的含义，Strauss 和 Howe（1993）则对世代进行了量化，认为世代的划分可由世代长度和世代界限两个指标来确定，世代长度大约等于一个生命阶段，为 18～24 年；世代界限则取决于同侪个性（peer personality），即同一时期出生的一群人之间流行的行为模式和价值观。

德国消费者行为学家 Hellmut Schütte（1998）是第一个系统研究中国消费者的世代划分问题的西方学者，他将中国消费者细分为三个世代：1945 年以前，"社会主义信仰者"世代；1945—1960 年，"失落"世代；1960 年以后，"关注生活方式"世代。刘世雄和周志民（2002）把 1960 年以后出生的消费者进一步细分为三个世代：1960—1970 年，"幸运的一代"；1971—1980 年，"转型的一代"；1980 年以后，"e 一代"。

3.3　研究框架与假设

品牌象征意义是消费者根据自己的经历和价值观对品牌产生的一种主观认知和联想。任何品牌都有一定程度的象征意义，都会使消费者产生对品牌的主观认知和联想，这些认知和联想与消费者的个人特征、个人形象，及其所属的或渴望联系和归属的社会群体（参照群体）的特征相符或相悖，消费者则据此进行象征性消费：消费者倾向于使用品牌象征意义与其渴望联系和归属的社会群体形象相符的品牌，即与其建立消费者自我—品牌联结，来构建和向他人传递自我概念，表明自己是什么类型的人，从而寻求群体归属和认同，即"示同"；同时规避使用品牌象征意义与其渴望联系和归属的社会群体形象相悖的品牌，即避免与其建立消费者自我—品牌联结，来表明自己不是什么类型的人，即"示差"。品牌象征意义的存在正是为了帮助消费者完成这样的社会角色扮演。

正如 Escalas 和 Bettman（2005）的研究结果所示，代表参照群体的象征意义高的品牌，消费者容易形成消费者自我—品牌联结；代表参照群体的象征意义低的品牌，消费者不容易形成消费者自我—品牌联结。由此，笔者提出如下假设：

H1：品牌象征意义与消费者自我—品牌联结有正相关关系，品牌象征意义越高，消费者自我—品牌联结越高。

中国人的爱国主义和民族主义情怀十分显著，国货意识很强。国货意识中的应然成分使中国消费者在面临选择国产货与外国货的时候，会偏爱和更多地购买国产货，对外国货则会产生抗拒心理。王财玉（2013）从消费者品牌认同的视角分析消费者自我—品牌联结的形成机制时认为，寻求国民社群身份认同是消费者与品牌建立联结的一个目的层面。Swaminathan等（2007）的研究也表明，消费者自我—品牌联结是用来强化民族认同的重要途径，消费者品牌态度会因品牌来源国的不同而变化。当涉及民族利益时，消费者往往通过对本土品牌的购买和推崇来表达爱国热情，塑造自身的爱国形象，以期获得国民社群的识别、认同和归属，完成自我国民身份的扮演，即与本土品牌形成高消费者自我—品牌联结。

然而，由于我国本土品牌近年连续出现的诸多质量安全问题，消费者对本土品牌的感情、期望和信任大大受挫，境外品牌高质安全的认识已在消费者头脑中根深蒂固，使得消费者的"刻板印象"得以验证和强化。当下，提起本土品牌往往会使消费者产生消极和负面的品牌联想，出于规避使用品牌形象与规避群体一致的品牌来表明自己不是什么类型的人的心理，消费者对本土品牌的忠诚度和购买意愿明显减退，而对源自发达国家的境外品牌却格外钟情。由此，笔者提出如下假设：

H2：相比于本土品牌，境外品牌具有更高的消费者自我—品牌联结。

"有面子""怕丢脸"是中国典型的文化现象，也是中国人典型的心理和行为诉求。在经济生活中，面子意识影响着消费者的诸多消费行为，正向影响消费者的品牌意识（Liao Jiang Qun, Lei Wang, 2009）。相对来说，面子意识较强的消费者，更加看重品牌的知名度和声誉等炫耀性属性，在消费过程中特别害怕会"丢面子""失身份"。

Leibenstein（1950）对品牌象征意义的内涵进行研究时指出，产品除了具有功能性特征，还具有非功能性特征，主要是指满足消费者对产品品牌效用的外部影响的追求。产品品牌效用的外部影响包括跟潮效应、逆潮效应和凡勃伦效应三种。其中，凡勃伦效应又称为炫耀性消费，在中国这样一个面子观念非常浓厚的国家，凡勃伦效应表现得十分普遍。丁奕峰（2010）证实了面子意识对炫耀性消费行为有正向作用。相对面子意识弱的人来说，面子意识强的人往往更加青睐品牌象征意义高的产品，通过与其建立较强的消费者自我—品牌联结来进行身份归属和炫耀性消费。由此可得如下假设：

H3a：面子意识正向调节品牌象征意义与消费者自我—品牌联结之间的关系。

随着本土品牌相继出现的一系列质量安全事故，其在消费者心目中的形象和声誉大受折损，与消费者想要表达和传递的自我概念相悖，消费者对其的信任度和评价大大降低。与此同时，境外品牌却与较高的档次、知名度、质量可靠性和可信度的品牌形象联系在一起。在这种情况下，面子意识较强的消费者为了"不丢面子"，会更加主动地减少对本土品牌的消费，而更加偏好购买和使用境外品牌，以免自我形象受损，从而与境外品牌形成更高程度的消费者自我—品牌联结。据此可得如下假设：

H3b：面子意识正向调节品牌原产地与消费者自我—品牌联结之间的关系。

在消费者领域，各个世代经常被视作一个个不同的细分市场。这是因为同一世代的一群人，由于处在共同的时代位置，会受到特定且相似的生活经历、重大历史事件和社会思潮等时代背景的影响，因此表现出相同的世代特征，包括消费心理特征和行为特征。而不同世代的人，其消费心理和行为特征则存在明显差异。中国近代史跌宕起伏，人们经历了许多社会动荡和变革，这些重大历史事件对中国人的消费心理和行为产生了很大影响（Schütte，1998），因此中国消费者的代际差异十分明显。

刘世雄和周志民（2002）指出，不同世代的消费者在个人主义和集体主义倾向上表现明显不同。个人主义倾向的消费者更注重自我标榜，追求新潮、独特、个性化和标新立异；而集体主义倾向的消费者则更注重身边的社会圈子和参照群体，追求的是群体归属和社会认同。因此，同样对于代表参照群体的象征意义高的品牌，集体主义倾向的世代会出于寻求群体归属和社会认同的需求而与其形成较高的消费者自我—品牌联结；而个人主义倾向的世代则可能会出于标新立异和寻求自我个性化的目的而规避使用，从而与其形成较低的消费者自我—品牌联结。同样，在品牌原产地方面，本土品牌往往与国民社区身份认同联系在一起，而境外品牌多与时尚、新潮等联系在一起。因此，个人主义倾向明显的世代容易与境外品牌形成较高的消费者自我—品牌联结，而集体主义倾向明显的世代则容易与本土品牌形成较高的消费者自我—品牌联结。综上可得如下两个假设：

H4a：世代调节品牌象征意义与消费者自我—品牌联结之间的关系，不同世代的消费者对象征意义相同的品牌在消费者自我—品牌联结上存在显著差异。

H4b：世代调节品牌原产地与消费者自我—品牌联结之间的关系，不同世代的消费者在本土品牌和境外品牌的消费者自我—品牌联结上存在显著差异。

由此得到了以品牌象征意义和原产地为自变量，面子意识和世代为调节变量，消费者自我—品牌联结为因变量的研究模型。

3.4　品牌象征意义和原产地对消费者自我—品牌联结的影响

3.4.1　研究设计

1. 问卷设计

在本研究中，因变量消费者自我—品牌联结的测量采用的是学者 Escalas，Edson 和 Bettman 在 2003 年的研究中开发的，包括 7 个测项的 7 点量表，其 Cronbach's α 系数是 0.90；自变量品牌象征意义的测量采用的是 Escalas，Bettman 在 2005 年的研究中使用的，包含 2 个测项的 2 点量表，其 Cronbach's α 系数是 0.89；调节变量面子意识的测量采用的是学者 Xin-an Zhang，Qing Cao 和 Nicholas Grigoriou 在 2011 年的研究中联合针对中国人开发的，有 11 个测项的 7 点量表，其 Cronbach's α 系数是 0.82。品牌原产地作为类别变量，根据该品牌所属的国家或地区划分，调节变量世代在前人研究的基础上，剔除了"传统的一代"，主要是考虑到这一代人的年龄目前皆已超过 67 岁，其消费方式在很大程度上会受到身边亲人等外界因素的影响。

调查问卷包括三个部分：第一部分测量被试的面子意识高低；第二部

分测量被试与身边熟悉的本土品牌和境外品牌形成的消费者自我—品牌联结程度；第三部分调查被试的人口统计特征，以明确该被试所属的世代。

2. 数据收集

本研究涉及消费者所处世代，因此，样本覆盖的年龄段跨度必须广。考虑到剔除了"传统的一代"，所以被试应是年龄在 67 岁以下的人士。同时，为保证研究的代表性和有效性，每个世代的有效样本数必须保证在 30 以上。

大规模调查采取纸质问卷和电子问卷结合发放的随机抽样法，电子问卷主要针对"80 后"和"90 后"展开，纸质问卷主要针对"文革的一代""幸运的一代"和"转型的一代"展开。其中，"80 后"被试主要来自笔者的同学和企业工作人员，"90 后"被试主要来自大学生和高中生，"转型的一代"和"幸运的一代"被试主要来自学校教职工和企业工作人员，"文革的一代"被试主要来自"80 后"的父母和退休人士。发放电子和纸质问卷共 400 份，回收 366 份，剔除无效问卷后，最终得到 310 份有效问卷，有效回收率为 85%。

3.4.2 数据分析和假设检验

1. 样本描述统计

本次调查中，男性被试占 42.3%，女性被试占 57.7%，二者比例大致相当，比较协调。世代结构上，每个世代的有效样本数都超过了 30，其中"80 后"占 39%，"90 后"占 16.1%，"转型的一代"占 20.3%，"幸运的一代"占 13.9%，"文革的一代"占 10.6%。样本职业结构上，学生群体占比最高，为 24.2%，公务员群体占比最低，为 4.8%，教师群体占 8.7%，职员群体占 21.9%，管理人员占 10.6%，退休人员占 5.8%，其他占 23.9%。收入分布上，月收入 3 000 元以内占 52%，3 001～8 000 元占 31.6%，8 001～12 000 元占 10%，12 001～20 000 元占 4.5%，20 000 元以上占 1.9%。

2. 信效度分析

本研究中所使用的量表均为前人开发的成熟量表，经统计软件对样本作 Cronbach's α 分析，得到因变量消费者自我—品牌联结的 Cronbach's α 系数为 0.877，自变量品牌象征意义和调节变量面子意识的 Cronbach's α 系数分别为 0.742 和 0.775，均大于 0.7，量表信度较高。

通过探索性因子分析，采用主成分分析法，根据共同因子方差判断，评价因子的结构效度。抽取共同因子方差数值大于 0.4，说明该变量做因子的结构效度较高；小于 0.4，则说明该变量不适合做因子，应将其排除。结果显示，消费者自我—品牌联结的 7 个测项抽取的共同因子方差值大于 0.4；面子意识的 11 个测项抽取的共同因子方差值大于 0.4；品牌象征意义的 2 个测项抽取的共同因子方差值大于 0.7，说明以上测项均适合做因子，不需要删除某个测项，问卷效度能够得到保证。

3. 假设检验

在本研究中，品牌象征意义分为高和低两个维度（品牌象征意义低于 1.5 分视作低维度，高于或等于 1.5 分视作高维度）；品牌原产地分为本土品牌和境外品牌；面子意识分为高和低两个维度（面子意识低于 4 分视作低维度，高于或等于 4 分视作高维度）；世代分为"90 后""80 后""转型的一代""幸运的一代"和"文革的一代"。自变量和调节变量都是分类变量，因此采用多因素方差分析法分析各变量对消费者自我—品牌联结的影响作用。

表 3 - 1 多因素方差分析

因变量：消费者自我—品牌联结					
源	III 型平方和	df	均方	F	p
校正模型	182.858	17	10.756	10.251	0.000
	4 852.486	1	4 852.486	4 624.293	0.000
品牌象征意义	67.323	1	67.323	64.157	0.000
品牌原产地	1.019	1	1.019	0.971	0.325
面子意识	14.672	1	14.672	13.982	0.000
世代	33.149	4	8.287	7.897	0.000
品牌象征意义 * 面子意识	4.109	1	4.109	3.916	0.048
品牌原产地 * 面子意识	1.141	1	1.141	1.088	0.297
品牌象征意义 * 世代	11.374	4	2.844	2.710	0.029
品牌原产地 * 世代	0.794	4	0.199	0.189	0.944
误差	631.707	602	1.049		
总计	9 540.816	620			
校正的总计	814.565	619			
R 方 = 0.224（调整 R 方 = 0.203）					

①品牌象征意义和原产地对消费者自我—品牌联结的影响。

对目标数据进行多因素方差分析（置信度为95%）和描述统计结果分别如表 3 - 1 和表 3 - 2 所示。

由表 3 - 1，品牌象征意义的 $F(1, 602) = 64.157$，p 值小于 0.05，说明品牌象征意义不同，其消费者自我—品牌联结存在显著差异。由表 3 - 2，品牌象征意义低的样本数为 144，其消费者自我—品牌联结均值 M 为 3.023 8；品牌象征意义高的样本数为 476，其消费者自我—品牌联结均值 M 为 3.971 8。比较两表的分析结果可知，品牌象征意义越高，消费者自我—品牌联结越高，二者的差异具有统计的显著性，因此支持假设 H1，即品牌象征意义与消费者自我—品牌联结有正相关关系，即品牌象征意义越高，消费者自我—品牌联结越高。表 3 - 2 显示本土品牌的样本数为 310，其消费者自我—品牌联结均值 M 为 3.644 7；境外品牌的样本数为 310，消费者自我—品牌联结均值 M 为 3.858 5，略高于本土品牌的消费者自我—品牌联结。但表 3 - 1 显示，品牌原产地的 $F(1, 602) = 0.971$，p 值大于 0.05，二者的差异缺乏统计的显著性，因此假设 H2 没有得到支持，即品牌原产地对消费者自我—品牌联结的影响不显著。

表 3 - 2 描述统计结果

Descriptive Statistics				
Dependent Variable：消费者自我—品牌联结				
品牌象征意义	品牌原产地	M	$S.D$	N
	本土品牌	3.087 4	1.042 6	85
品牌象征意义低	境外品牌	2.932 2	1.089 38	59
	Total	3.023 8	1.061 00	144
	本土品牌	3.855 2	1.066 53	225
品牌象征意义高	境外品牌	4.076 3	1.083 78	251
	Total	3.971 8	1.080 19	476
	本土品牌	3.644 7	1.112 56	310
Total	境外品牌	3.858 5	1.172 78	310
	Total	3.751 6	1.147 14	620

②面子意识和世代的调节作用。

为了弄清楚面子意识和世代的调节作用，对此进行了均值分析，结果如表3-3、表3-4所示。

第一，面子意识和世代对消费者自我—品牌联结的影响。按照假设H3a、H3b和H4a、H4b，面子意识和世代会调节品牌象征意义和原产地对消费者自我—品牌联结的影响关系。那么，面子意识和世代也会对消费者自我—品牌联结产生影响：具有不同面子意识的消费者，其消费者自我—品牌联结存在显著差异；不同世代的消费者，其消费者自我—品牌联结也存在显著差异。

由表3-1可知，面子意识的 $F(1,602)=13.982$，p 值小于0.05，说明具有不同面子意识的消费者，其消费者自我—品牌联结存在显著差异；世代的 $F(4,602)=7.897$，p 值小于0.05，说明对于不同世代的消费者，其消费者自我—品牌联结存在显著差异。

第二，面子意识和世代对品牌象征意义和品牌原产地对消费者自我—品牌联结的影响的调节作用。由表3-1可知，品牌象征意义 $*$ 面子意识的 $F(1,602)=3.916$，p 值小于0.05，说明品牌象征意义和面子意识对消费者自我—品牌联结的交互作用显著，面子意识调节品牌象征意义对消费者自我—品牌联结的影响关系。由表3-3可知，对于品牌象征意义低的品牌，面子意识低的消费者的自我—品牌联结均值为2.9336，而面子意识高的消费者的自我—品牌联结均值为3.1115；对于品牌象征意义高的品牌，面子意识低的消费者的自我—品牌联结均值为3.6564，而面子意识高的消费者的自我—品牌联结均值为4.2593。可见，对于品牌象征意义一定的品牌，面子意识高的消费者的自我—品牌联结高于面子意识低的消费者的自我—品牌联结。结合表3-1可知，面子意识正向调节品牌象征意义与消费者自我—品牌联结之间的关系，假设H3a得到支持。

表 3 - 3　面子意识均值分析

Descriptive Statistics				
Dependent Variable：消费者自我—品牌联结				
品牌象征意义	面子意识	M	S. D	N
品牌象征意义低	面子意识低	2. 933 6	0. 997 91	71
	面子意识高	3. 111 5	1. 118 86	73
	Total	3. 023 8	1. 061 00	144
品牌象征意义高	面子意识低	3. 656 4	1. 081 92	227
	面子意识高	4. 259 3	0. 997 01	249
	Total	3. 971 8	1. 080 19	476

由表 3 - 1，品牌象征意义 * 世代的 $F_{(4, 602)}$ = 2. 710，p 值小于 0. 05，说明品牌象征意义和世代对消费者自我—品牌联结的交互作用显著，世代调节品牌象征意义对消费者自我—品牌联结的影响关系。由表 3 - 4，对于品牌象征意义低的品牌，"90 后""80 后""转型的一代""幸运的一代""文革的一代"的消费者自我—品牌联结均值分别为 2. 748 3、2. 623 9、2. 949 3、3. 489 0、3. 941 2；对于品牌象征意义高的品牌，"90 后""80 后""转型的一代""幸运的一代""文革的一代"的消费者自我—品牌联结均值分别为 3. 916 8、3. 866 0、4. 030 1、3. 981 0、4. 352 8。可见，对于品牌象征意义一定的品牌，各个世代的消费者的自我—品牌联结存在显著差异，且呈现递增的趋势明显，其中，"80 后"的消费者自我—品牌联结最低，"文革的一代"的消费者自我—品牌联结最高。结合表 3 - 1 分析结果可知，世代调节品牌象征意义与消费者自我—品牌联结之间的关系，假设 H4a 得到支持。

表 3 - 1 显示，品牌原产地 * 面子意识的 $F_{(1, 602)}$ = 1. 088，p 值大于 0. 05，说明品牌原产地和面子意识对消费者自我—品牌联结的交互作用不显著，面子意识不调节品牌原产地对消费者自我—品牌联结的影响关系，即假设 H3b 没有得到支持。同样，品牌原产地 * 世代的 $F_{(4, 602)}$ = 0. 189，p 值大于 0. 05，说明品牌原产地和世代对消费者自我—品牌联结的交互作用也不显著，世代不调节品牌原产地对消费者自我—品牌联结的影响关系，假设 H4b 亦未得到支持。

表 3 - 4   世代均值分析

Descriptive Statistics				
Dependent Variable：消费者自我—品牌联结				
品牌象征意义	世代	*M*	*S. D*	*N*
	90 后	2.748 3	0.835 32	21
	80 后	2.623 9	0.926 60	49
品牌象征意义低	转型的一代	2.949 3	1.113 03	31
	幸运的一代	3.489 0	1.116 97	26
	文革的一代	3.941 2	0.703 60	17
	Total	3.023 8	1.061 00	144
	90 后	3.916 8	0.887 62	79
	80 后	3.866 0	1.030 33	193
品牌象征意义高	转型的一代	4.030 1	1.200 28	95
	幸运的一代	3.981 0	0.985 00	60
	文革的一代	4.352 8	1.342 05	49
	Total	3.971 8	1.080 19	476

3.5   结论与管理建议

本部分从中国文化背景角度出发，探讨了品牌象征意义和原产地对消费者自我—品牌联结的影响，以及面子意识和世代对上述影响关系的调节作用。主要结论如下：品牌象征意义与消费者自我—品牌联结有显著的正相关关系，消费者的面子意识正向调节品牌象征意义与消费者自我—品牌联结之间的关系，世代显著调节二者之间的关系；品牌原产地与消费者自我—品牌联结没有显著的相关关系，因此面子意识和世代对二者之间关系的调节作用也均不显著。

品牌原产地与消费者自我—品牌联结不存在显著相关关系的原因可能在于：一方面，我国是一个爱国主义意识浓厚的国家，消费者的本土品牌意识较高；另一方面，伴随着近年来本土品牌一系列质量安全事件的爆发，消费者对本土品牌的不信任度上升，觉得本土品牌劣质的潜意识增强，觉得境外品牌高质、安全的潜意识得到强化。在这两个原因的作用之下，消费者变得越来越精明，不再轻易地以品牌原产地作为重点考虑因素，更不会随便以本土品牌或境外品牌来强化和表达自身形象，而是会参考更多的因素。

在研究贡献上，本部分从中国文化背景角度出发，研究中国文化情景下的相关变量对消费者自我—品牌联结的影响，同时结合了产品、品牌和消费者三个方面，为消费者自我—品牌联结的研究提供了新的视角。将世代划分理论用于研究消费者自我—品牌联结，扩展了世代划分理论的应用范围，并且丰富了消费者自我—品牌联结理论方面的研究。

根据研究结论，提出以下两点营销启示：

第一，打造品牌象征意义，开展多元营销活动。品牌象征意义主要表现为消费者的个体自我特征和社会自我特征两个方面。前者指消费者通过利用特定的品牌来表现其个人年龄、性别、价值观、过去经历、生活方式、成就、能力和现在所处的情景等；后者指品牌能够传达其拥有者的财富、权力、声望和所归属的社会群体。企业可以从以上两个方面切入，明确其目标消费者的形象，为品牌打造符合其目标消费者形象的、独一无二的、清晰的象征意义用以品牌定位。品牌原产地不是影响消费者自我—品牌联结的重要因素，本土企业切记不要进入崇洋的误区。面子意识弱和面子意识强的消费者群体都是巨大的市场，不可偏废。面子意识弱的消费者的自我—品牌联结低，其在选择一种产品时，不会特意将某个品牌的产品跟自我概念联系起来，容易受到各种营销元素的吸引。因此，应开展新颖有趣的、符合品牌象征意义的、丰富的多元营销活动，将商品促销、文化营销、时尚营销、会员营销等多种营销元素结合起来，既赢得面子意识强的消费者，又赢得面子意识弱的消费者。

第二，重视世代差异。不同世代的消费者，其消费者自我—品牌联结存在显著差异，对营销活动的反应也会不同，企业在对品牌进行营销时，必须考虑到这一点。对于消费者自我—品牌联结高的"文革的一代"，其形成了稳定的品牌偏好，拥有较高的品牌忠诚，要成功地打入这块市场并立于不败之地，塑造一个全新品牌不如收购或者直接全新包装一个老品牌。在挑选代言人方面，对于消费者自我—品牌联结高的目标消费者，不宜选用新人，宜采用已经建立稳定观众缘的影视明星，以唤起目标消费者更多的品牌忠诚。而对于消费者自我—品牌联结不高的"80 后""90 后"，其对新鲜事物的接受能力强，好奇心重，喜欢挑战新鲜事物，同时难以形成十分稳定的品牌忠诚，企业要想进入这块市场，则一定要进行丰富的营销活动，以吸引眼球。

❹ 社会圈子对消费者
自我—品牌联结的影响研究
——自我意识和品牌价值的调节作用

4.1 问题的提出

消费者自我—品牌联结的实质是描述消费者个人将品牌与自我概念融合的程度（Escalas，2005），Chaplin 和 John（2005）认为，影响消费者自我—品牌联结的有三个要素：品牌联想、自我概念及自我形象比较。其中，品牌联想，特别是典型群体使用所带来的品牌联想是影响消费者自我—品牌联结的关键（Keller，1993；Muniz，Albert，O'Guinn，et al.，2001）。在中国背景下，这个典型群体即自己所在的社会圈子，受儒家文化影响，中国人并非一个孤立的个体，而是诸如家庭、乡村、国家乃至世界各类群体的积极参与者。费孝通认为，"我们的人际关系的格局并非是一捆扎在一起的柴火，而是好比将一块石头丢在水面上，所产生的波纹一般一圈圈推出去，每个人都是这个圈子的中心"，消费者面对不同的人群所处的社会圈子有可能不同。所以中国人的社会圈子会影响其与品牌的融合，进而影响消费者自我—品牌联结。

4.2 文献回顾

已有相关研究主要从参照群体（杜伟强、于春玲、赵平，2009）展开，但是社会圈子和参照群体具有明显的区别，参照群体强调群体影响方面，大部分情况下参照群体指的并非是自己所处的群体，如渴望群体和厌恶群体；而社会圈子强调每个人是自身圈子的中心，具有伦理本位、差序状态和利益性。社会圈子的差序格局使得中国社会圈子的所有成员都极度关注他人的建议，个体如果想要融入社会圈子，就必须服从所在圈子中的理念，因此，寻找归属感也成为国人的一大行为方式。归属感是认同的一种延伸，不仅不同的社会圈子带给消费者不同的归属感知，还会影响在圈子里的消费者与品牌的联结程度。因此，本部分认为有必要探讨不同归属感的社会圈子对消费者自我—品牌联结产生的影响。

影响消费者自我—品牌联结的另外一个重要因素是自我意识，自我意识是指行为个体对其自身心理过程及心理内容的相关反映，品牌可以在消费者个体性和社会性两个层面上建构心理意义（Cooper et al. , 2005）。不同的自我意识所驱动的消费动机不同，特定自我导致了对特定品牌意义的占有和诠释。自我意识分为私我意识和公我意识（Fenigstein，Seheier & Buss，1975），在中国的社会圈子里如果消费者更关注他人能够看到且评价的内容，表现出来的就主要是公我意识，所以本部分拟从自我意识角度出发，探讨社会圈子对消费者自我—品牌联结的影响。另外，品牌本身的价值会影响其在圈子里的符号和象征意义，本部分最后还探讨了品牌价值如何影响社会圈子和消费者自我—品牌联结的关系。

4.3　研究框架与假设

4.3.1　社会圈子对消费者自我—品牌联结的影响

社会圈子会对圈子内消费者的态度、意愿、行为、偏好产生重要的影响（Staflord，Cocanougher，1977），消费者试图通过消费行为来构建在圈子里的自我形象（Chernev et al. ,2011）、群体归属（Fischer et al. ,2010）和社会认同（Bartels，Hoogendam，2011；Chattaraman et al. ,2010；O'Donnell et al. ,2010）。社会圈子即我们日常消费参照的圈子，是品牌形象和品牌联想的重要来源（Han et al. , 2010），对消费者的自我塑造具有重要作用。

社会圈子的价值表现性影响主要源于个体本身渴望提升自我、增强心理隶属感的动机，群体归属和认同驱使消费者与圈子内群体建立联系。因此，对不同社会圈子的归属感程度不一样时，消费者会采取不同的价值倾向，消费者对于归属感高的圈子会倾向通过使用圈子内的消费品牌而与该圈子建立联系。在中国文化背景下，社会圈子是人们日常生活的关系网络，人们之间的认同标准不同于西方。李友梅、肖瑛和黄晓春（2007）从以阶级认同为轴心的社会认同体系的角度出发将社会认同定义为"社会成员共同拥有的信仰、价值和行动取向的集中体现，本质上是一种集体观念。与利益联系相比，注重归属感的社会认同更加具有稳定性"。基于社会圈子的归属感，将社会圈子分为归属感高的圈子和归属感低的圈子。在这样的归属认同背景下，中国社会圈子中的群体所采用的品牌对消费者有不同于西方的影响，圈子内成员归属感越高，会增强对圈子品牌的联结，因为此时消费者自我—品牌联结高是对圈子本身的肯定。我们首先提出以下假设：

H1：消费者在归属感高的社会圈子中的消费者自我—品牌联结比在归属感低的社会圈子中更高。

4.3.2 自我意识的调节作用

自我是人们对自身各方面的认知与评价，包括个体认为自己会成为什么样的人，想成为什么样的人，害怕成为什么样的人，这些对自我的感知会影响人们的行为，人们也会通过特定的言行表达自我（Brown，1998）。在社会圈子中，消费者的公我意识不同都会影响到其与品牌的联结程度。已有研究发现，在群体内，消费者本身的自我意识会对消费者自我—品牌联结起着非常重要的作用。有关自我意识的分类，Fenigstein，Seheier 和 Buss（1975）将其分为两类，一类是自我的某些方面是隐秘的、他人无法知道的；另一类是公开的，表现在他人面前的，是与他人的关系密切相关的。他们把自我的前一个成分定义为"私我"（private self），后一个成分定义为"公我"（public self），Fenigstein 等人强调自我的这两个方面是同时存在于一个人身上的，只是其程度大小不同而已，自我意识高的情况属于公我意识，自我意识低的情况属于私我意识。

在中国特有的"以和为贵"的文化背景下，与他人密切相关的自我意识是影响消费者在社会圈子里与品牌联结的关键。对于自我意识高即公我意识的消费者，他会更加关注社会圈子里其他人对自己的看法，不管对圈子归属感如何，和圈子内品牌的联结程度都会高，所谓"众人所爱皆我爱"；对于自我意识低即私我意识的消费者，对归属感高的圈子会比归属感低的圈子更有群体规范意识，受到圈子成员的影响也会更大，所以此时消费者的公我意识调节消费者自我—品牌联结，且归属感高的圈子中的消费者自我—品牌联结高于归属感低的圈子。提出假设：

H2：自我意识调节社会圈子对消费者自我—品牌联结的影响。

H2a：对于公我意识的消费者，归属感不同的社会圈子对消费者自我—品牌联结的影响无显著差异。

H2b：对于私我意识的消费者，在归属感高的社会圈子里消费者产生的消费者自我—品牌联结高于归属感低的社会圈子。

4.3.3　品牌价值的调节作用

影响消费者自我—品牌联结的重要因素还包括消费者自我形象比较，自 Fournier（1998）提出品牌拟人化以来，品牌与消费者的形象和关系匹配就成为研究的热点。在社会圈子中，品牌价值与消费者的形象是否匹配是消费者与之关系维系的关键。品牌价值可以分为功能性价值和象征性价值。据研究者认为，消费者在购买产品时不仅看重产品的功能特征，更重视产品对自身心理需求的满足（Elliott，1997），比如从众、独特和声望（Leibenstein，1950），以及自我提升、角色定位和社会群体归属（Park，Jaworski & Maclnnis，1986）等。在此基础上，受社会学和社会心理学有关自我概念研究的影响，研究者开始将品牌象征意义与消费者自我概念的关系建构和发展联结起来（Schau，Hope & Cristel，2005）。

消费者通常被与其社会身份相关联的产品或品牌所吸引（Forehand，Deshpande & Mark，2002；Stayman，Deshpande，1989）。对于产品功能性价值突出的品牌，消费者与之的情感联系不紧密，在社会圈子中的象征意义不明显，在归属感高的社会圈子中消费者关注与圈子的联结，而在归属感低的社会圈子中消费者更关注自我的得失，此时，归属感高的社会圈子里消费者产生的消费者自我—品牌联结不如归属感低的社会圈子；对于象征性价值的品牌，社会圈子与品牌之间的象征意义强，对于圈子归属感越高的消费者产生的消费者自我—品牌联结也会越高。因此提出假设：

H3：品牌价值调节社会圈子对消费者自我—品牌联结的影响。

H3a：对于功能性价值的品牌，归属感高的社会圈子里的消费者产生的消费者自我—品牌联结低于归属感低的社会圈子。

H3b：对于象征性价值的品牌，归属感高的社会圈子里的消费者产生的消费者自我—品牌联结高于归属感低的社会圈子。

4.4　社会圈子对消费者自我—品牌联结的影响：实验设计与研究结果

4.4.1　预实验

预实验的目的是为了确定本次主实验的产品类别和品牌。对产品和品牌的要求有：①产品是基本上每个人都会使用的；②品牌在该产品上的识别率较高；③品牌的功能性价值和象征性价值均有，即有些消费者主要以功能性价值使用该产品，也有些消费者主要以象征性价值使用该产品。

为了确定产品和品牌，笔者在校园内针对行人做了一次小规模调查，随机选取调查对象，让被试从 5 种常见的产品类别中（手表、服装、包、计算机、护肤品）选择自己常用的品牌，并填写品牌给自己带来的有关社会圈子的事件，有 16 名学生参与了此次预实验。

结果表明，手表给使用者带来的差序格局最强（87% 的人提及），但是在学生样本中的差别不大，包次之（79% 的人提及），其他产品给使用者带来的差序格局较低，最终选择包作为部分研究的产品对象。

在第二次问卷预实验中，选择了 10 种包类品牌，针对大学生的社会圈子，希望能区分出归属感高和归属感低的社会圈子，测试每种品牌给消费者带来的归属感和熟悉度（李克特 7 点量表）。有 52 名在校大学生参与了此次预实验（女生 27 人，男生 25 人），最终本次研究选择香奈儿作为归属感低的社会圈子品牌，耐克作为归属感高的社会圈子品牌。其中，香奈儿品牌的归属感（$M_{香}=2.21$）小于耐克品牌的归属感（$M_{耐}=5.93$）（$p<0.001$），两个品牌的熟知度高且无显著差异（$p>0.05$）。

4.4.2　研究一：社会圈子对消费者自我—品牌联结的影响——自我意识的调节作用

1. 研究设计和步骤

本研究采用 2（社会圈子类型：归属感高的社会圈子、归属感低的社会圈子）×2（自我意识：公我意识、私我意识）混合实验设计，圈子类型为组内因子。首先向被试介绍耐克和香奈儿两种产品，然后介绍什么是现实社会圈子；接着让被试回忆自己所在的两类圈子——一个归属感高的圈子和一个归属感低的圈子，采用情景模拟的方式，让被试考虑分别在这两个圈子中"现在因工作或生活的原因，你需要买一个适合你的包"的情况，测量不同圈子中的消费者自我—品牌联结程度；最后测量被试在这两个社会圈子的归属感和自我意识。

2. 量表设计

本研究中变量的度量主要是借鉴以往文献中的成熟量表，量表均采用李克特 7 点量表，即"1"表示非常不同意，"7"表示非常同意。归属感测量和消费者自我—品牌联结均采用 Escalas 和 Bettman（2003；2005）所用量表，归属感 3 条测量指标，消费者自我—品牌联结 7 条测量指标；自我意识采用 Fenigstein、Scheier 和 Buss（1975）的量表，共 7 条测量指标。

3. 操纵检验

研究一主要采用线上电子问卷完成，一共发放 210 份，回收 202 份，问卷有效率为 96.2%，其中男 93 人，女 109 人，年龄主要分布在 20～30 岁。研究一的主要变量均具有满意的信度，Cronbach's α 系数均大于 0.9。变量操纵表明：①品牌熟悉度检验：被试对两个品牌有较好的熟悉度（M 耐 = 6.62，M 香 = 6.21），且无显著差异 [$F_{(2, 88)}$ = 0.213，$p > 0.05$]；②社会圈子的归属感检验：对于归属感高的社会圈子（M 高 = 6.04），归属感低的社会圈子（M 低 = 3.22），社会圈子的类型操纵成功（$p < 0.001$）。以上结果表明变量的操纵成功。

4. 假设检验

采用 SPSS16.0 进行主效应——社会圈子对消费者自我—品牌联结影响的方差分析发现：归属感高的社会圈子中消费者自我—品牌联结 M 高 = 5.45，归属低感的社会圈子中消费者自我—品牌联结 M 低 = 3.96，不同归属感的社会圈子之间消费者自我—品牌联结具有显著的差异 [F (1,201) = 105.47，$p < 0.001$]，H1 成立。

采用中位数分级方式将自我意识分为公我意识和私我意识两类，进一步研究 2（社会圈子类型：归属感高的社会圈子、归属感低的社会圈子）×2（自我意识：公我意识、私我意识）的方差分析发现：社会圈子和自我意识的交互作用显著（$p < 0.001$）。具体数据如表 4-1 所示。

表 4-1　社会圈子和自我意识对消费者自我—品牌联结的影响

变量		消费者自我—品牌联结	$S.D$	N
公我意识	归属感高的社会圈子	5.46	0.248	52
	归属感低的社会圈子	5.37	0.266	50
私我意识	归属感高的社会圈子	5.43	0.221	50
	归属感低的社会圈子	2.54	0.248	50

进一步分析发现，对于公我意识的消费者，在归属感高的社会圈子里产生的消费者自我—品牌联结和在归属感低的社会圈子里产生的消费者自我—品牌联结无显著差异（$p > 0.05$）（H2a 成立）；对于私我意识的消费者，归属感高的社会圈子里产生的消费者自我—品牌联结高于归属低的社会圈子产生的消费者自我—品牌联结（$p < 0.001$）（H2b 成立）。如图 4-1 所示。

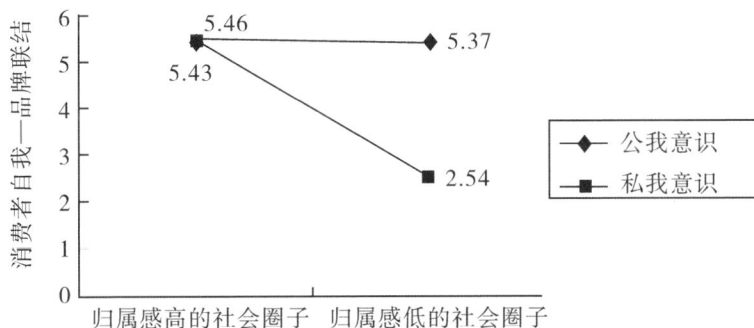

图 4-1　社会圈子和自我意识对消费者自我—品牌联结的影响图

4.4.3　研究二：社会圈子对消费者自我—品牌联结的影响——品牌价值的调节作用

1. 研究设计和步骤

本研究是采用 2（社会圈子类型：归属感高的社会圈子、归属感低的社会圈子）×2（品牌价值：功能性价值、象征性价值）组内因子设计。研究步骤同研究一一样。

2. 操纵检验

研究二采用线上电子问卷和纸质问卷的方式共同完成，一共发放 215 份，回收 202 份，问卷有效率为 94.0%，其中男 100 人，女 102 人，年龄主要分布在 20～30 岁。研究一的主要变量均具有满意的信度，Cronbach's α 系数均大于 0.9。品牌熟知度和归属感测量均操纵成功，对于品牌的价值属性检验，结果表明被试对两种品牌的价值感知的差异是显著的 [M 耐 = 3.31，M 香 = 5.33，t (90) = −14.541，$p < 0.01$]。以上结果表明研究二的变量操纵成功。

3. 假设检验

2（社会圈子类型：归属感高的社会圈子、归属感低的社会圈子）×2（品牌价值：功能性价值、象征性价值）对消费者自我—品牌联结的方差分析结果表明：社会圈子和品牌价值交互作用显著（$p < 0.001$），具体数据如表 4 – 2 所示。

表 4 – 2　社会圈子和品牌价值对消费者自我—品牌联结的影响

变量		消费者自我—品牌联结	$S. D$	N
功能性价值	归属感高的社会圈子	3.23	0.345	202
	归属感低的社会圈子	4.79	0.443	202
象征性价值	归属感高的社会圈子	5.11	0.491	202
	归属感低的社会圈子	3.22	0.448	202

具体来说，对于具有功能性价值的品牌，归属感高的社会圈子里产生的消费者自我—品牌联结低于归属感低的社会圈子里产生的消费者自我—品牌联结（$p < 0.001$）（H3a 成立），而对于具象征性价值的品牌，归属感

高的社会圈子里产生的消费者自我—品牌联结高于归属感低的社会圈子里产生的消费者自我—品牌联结（$p < 0.001$）（H3b 成立），如图 4 − 2 所示。

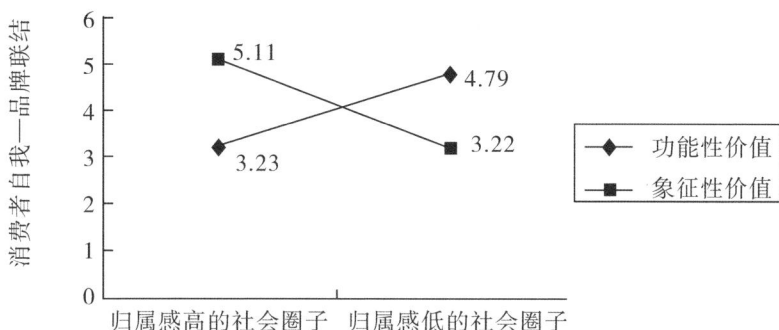

图 4 − 2　社会圈子和品牌价值对消费者自我—品牌联结的影响图

4.5　结论与管理建议

中国人的社会圈子对人们的生活影响极大，包括对品牌的认知和选择。本章探讨了在中国文化背景下，不同归属感的社会圈子对消费者自我—品牌联结的影响，基于消费者自我—品牌联结的影响因素，本章还引入了自我意识和品牌价值作为调节变量，探究其关系。研究结果发现：①社会圈子的归属感正向影响消费者自我—品牌联结；②消费者的自我意识——公我意识和私我意识调节社会圈子对消费者自我—品牌联结的影响。当消费者偏向公我意识时，社会圈子的归属感高低对消费者自我—品牌联结的影响差异不显著；当消费者偏向私我意识时，归属感高的社会圈子里产生的消费者自我—品牌联结高于归属感低的社会圈子产生的消费者自我—品牌联结；③品牌价值的类型——功能性价值和象征性价值调节社会圈子对消费者自我—品牌联结的影响。当品牌具有功能性价值时，归属感高的社会圈子产生的消费者自我—品牌联结低于归属感低的社会圈子产生的消费者自我—品牌联结；当品牌具有象征性价值时，归属感高的社会圈子产生的自我—品牌联结高于归属感低的社会圈子产生的消费者自我—品牌联结。

根据研究结果，本章的管理建议有以下三点：

（1）注重消费者的社会圈子文化。

中国是一个消费大国，社会圈子的影响在其中起着重要的作用，本章的结果同样论证了这一点。企业在进行品牌推广时可从社会圈子的角度着手，制定出相应的品牌推广和产品定位策略。"好丽友"蛋黄派就是一个成功的例子，它的广告和宣传主要从"好朋友""好朋友一生一起走"的概念入手，在全面了解要成为好朋友需要具备的元素以后，针对这几个元素的概念进行放大，让目标消费者对好朋友的认可过渡到对品牌和产品的认可。

（2）针对不同自我意识的消费者推行不同的圈子文化。

消费者的自我意识对于社会圈子里的消费者自我—品牌联结有着明显的调节作用，现实中的企业可以在不影响其他消费者的情况下，尽量包容各种消费者对于圈子的看法。企业可以设计一个两面性的广告，一个是针对公我意识的消费者群体，一个是针对私我意识的消费者群体进行品牌概念上的推广。就比如日本有个关于芬达的系列广告，广告通过在不同情景下展示不同消费者的状态，但都是以喝芬达可以忘却一切烦恼作为总结。这个广告很好地囊括了不同类型的消费者对品牌的认可而且衍生出了对品牌的心理满足价值。

（3）根据品牌价值打造不同的品牌"圈子文化"。

对于不同价值的品牌，在圈子中影响消费者自我—品牌联结的程度是不同的。企业可以在充分了解自己品牌价值的情况下，以价值为基本出发点，打造自己品牌的"圈子文化"。如果品牌主要以实用的功能性价值为主，如洗衣粉、洗洁精等，那么品牌宣传时可以不用从社会圈子的角度着手；如果品牌是以象征性意义为主，如手表、汽车等，那么针对中国重视圈子的消费者，品牌宣传时从圈子归属感的角度出发更能打动消费者，建立更好的品牌关系。

5 社会地位对消费者自我—品牌联结的影响研究 ——自尊和虚荣特性的调节作用

5.1 问题的提出

在现有的以中国为代表的东方社会消费者的奢侈品消费行为的研究中，大多认为"消费者的社会地位与其对奢侈品牌的消费者自我—品牌联结呈负相关关系"，我们在生活中也常常看到社会地位不高的消费者进行奢侈品牌消费。但张梦霞（2006）认为，中国是一个地位等级观念深厚的国度，在这种社会规范下，消费者对奢侈品的消费理应遵循"行为与社会地位相匹配"的规律。那么当前中国消费者与奢侈品牌的消费者自我—品牌联结到底与其社会地位是什么关系？出现这种关系是受哪些因素的影响呢？通过对国内外相关文献的归纳和梳理，我们发现了自尊和虚荣特性这两个在中国文化背景下可能会对消费者的奢侈品消费行为产生影响的因素，因此引入到同一个模型当中进行探讨，以期解答以上两个问题。

5.2 理论基础与假设的提出

5.2.1 社会地位对消费者自我—品牌联结的影响

对社会地位的一般定义是，个体在社会上的位置，其与门第、阶层等这些等级观念联系在一起，社会地位高的人具有社会认可的高等级，并通常伴随着声望、权力等。社会地位需要通过符号消费来强化和彰显，品牌作为一种消费符号，是人们彰显社会地位的重要工具。

中国传统儒家文化重视和强调客观存在的人与人之间社会地位的差异，教人明白社会地位高低的区别，中规中矩地扮演自己的角色，从而实现社会的稳定与和谐（张梦霞，2006）。"行为与社会地位相符"的价值观要求人们正确认识自己在特定环境中的社会地位与角色，个体的行为和外在表现应该与身份一致。在这种儒家价值观的影响下，人们希望通过公开的、与自身社会地位相一致的消费行为，实现人类、社会和环境之间的和谐关系。由此可知，个体社会地位越高，则其购买奢侈品牌的倾向就越强，即与奢侈品牌的消费者自我—品牌联结越高。正如孙春晨（2008）强调，高社会地位需由高消费来表现。O'cass，Aron 和 Mcewen（2004）也认为，奢侈品消费是消费者为了传递、强化自身社会地位或形象，或者为了拓展自我、期望他人以自己希望的方式评价自己而进行的消费与拥有的行为。由此提出假设：

H1：社会地位对消费者与奢侈品牌的消费者自我—品牌联结有显著正向影响。社会地位越高，其与奢侈品牌的消费者自我—品牌联结越高。

5.2.2 自尊对社会地位与消费者自我—品牌联结关系的调节作用

自尊（self-esteem）是个体对自己本身所持的一种自我喜好、重视、尊重，也是个体对自己所抱持的想法与评论。简单来说，对自己的个人感受与评价即是自尊。

Sivanathan 和 Pettiti（2010）以美国消费者为研究对象，检验了自尊在经济地位和地位商品支付意愿之间的作用。他们研究发现，美国消费者较低的经济地位导致个体展现出较低的自尊，这种较低的自尊驱动个体对具有高社会地位象征的奢侈品具有较高的购买意愿。他们还发现，当个体自尊受到威胁时，会对具有高社会地位象征的奢侈品表现出更高的消费倾向。西方的研究总体上倾向于认为，自尊较低的消费者对炫耀性消费的意愿会更强烈，即自尊较低的消费者会购买具有较高社会地位象征意义的奢侈品，可以理解为自尊较低的消费者对奢侈品牌有较高的消费者自我—品牌联结。Leary，Mark（1995）认为，高自尊的消费者对自己持有肯定的态度，他们自以为别人都会喜欢并接受自己，因此他们并不会在意别人对自己的评价，即使自己的社会地位受到威胁时也不怕别人的否认。Katherine 和 Argo（2009）也认为，当消费者的社会地位面临威胁时，高自尊的消费者不会改变对产品的偏好，而低自尊的消费者则会避免选择与其社会地位相关的产品。由此提出假设：

H2：自尊对奢侈品的消费者自我—品牌联结有调节作用。

H2a：在低自尊的消费者中，低社会地位的消费者对奢侈品产生的消费者自我—品牌联结要高于高社会地位的消费者。

H2b：在高自尊的消费者中，低社会地位的消费者对奢侈品产生的消费者自我—品牌联结要低于高社会地位的消费者。

5.2.3 虚荣特性对社会地位与消费者自我—品牌联结关系的调节作用

虚荣特性是诸多人格特性中的一种，可分为身体外表虚荣及成就虚荣。就前者而言，Mason（1981）认为虚荣特性的特质和炫耀性消费相似，虚荣特性者会特别注重自我的形象。Schiffman 和 Kauuk（1997）也认为，个人虚荣的观念与自我形象有密切的关联，虚荣特性是消费者期望改善自我形象的外化体现，人们的虚荣特性越强烈就越可能促使他们发生行为改变以符合自我形象，因而对行为的意图影响也越正向。可见，自我形象是虚荣特性的重要组成部分，而自我形象来自于产品（Sirgy，1982），所以虚荣特性可通过消费者所消费的产品表现出来。

奢侈品消费群体期望通过消费奢侈品牌的商品或服务来彰显自我形象，获得社会地位和身份的认可，以期拥有符合理想的社会自我形象，因此，虚荣特性会影响消费者与奢侈品的消费者自我—品牌联结。虚荣特性越强烈就越在意自己的外表和成就，并借由奢侈品牌消费以增强吸引力和显现成功地位。相较于高社会地位的消费者，低社会地位的消费者更需要通过奢侈品消费来改变自我形象，改变其社会地位低下的现状。由此提出假设：

H3：虚荣特性与社会地位对奢侈品产生的消费者自我—品牌联结有调节作用。

H3a：在虚荣特性较低的消费者中，低社会地位的消费者对产生奢侈品的消费者自我—品牌联结要高于高社会地位的消费者。

H3b：在虚荣特性较高的消费者中，低社会地位的消费者对奢侈品产生的消费者自我—品牌联结要低于高社会地位的消费者。

由此得到以地位为自变量，自尊与虚荣特性为调节变量，消费者自我—品牌联结为因变量的研究模型。

5.3　社会地位对消费者自我—品牌联结的影响：实验研究分析

5.3.1　问卷设计

本研究的测项均采用成熟量表，问卷一共分成三个部分：第一部分，人口统计特征调查，同时可确定被试的社会地位；第二部分，测量被试的自尊与虚荣特性；第三部分，测量被试与奢侈品牌的消费者自我—品牌联结程度。

综合国内外学者的研究来看，个体的收入水平是测量社会地位最直接、最常用的方式。本章也采用经济收入作为社会地位高低的划分标准，通过"每月可支配金额"进行度量，"1"表示"1 700～3 300 元"，"2"表示"3 301～4 700 元"，"3"表示"4 701～5 700 元"，"4"表示"5 701～8 400 元"，"5"表示"8 400 元以上"。

调节变量自尊的测量采用 Rosenberg（1965）发展的自尊量表中的 5 个积极题目；调节变量虚荣特性的测量采用 Netemeyer 等人（1995）提出的虚荣特性量表，包含了"外表关心"及"成就关心"两项各 5 个测量题目。因变量消费者自我—品牌联结采用的是 Escalas，Bettman（2003，2005）开发的包含 7 个题目的测量量表。以上量表皆为李克特 7 点量表，"1"表示非常不同意，"7"表示非常同意。

对于奢侈品牌的选择，通过访谈最终选取奢侈品牌箱包作为研究刺激物。品牌的选取通过访谈和计算在不同品牌门店排队的人数，最终选取 4 个被最多人提起和最多人排队的品牌：路易威登（Louis Vuitton）、香奈儿（Chanel）、古驰（Gucci）、普拉达（Prada）。

5.3.2　数据收集

问卷通过互联网发放到论坛上，为保证问卷的质量，我们奖励每个填写问卷的用户 5 个论坛积分，共回收 220 份，剔除无效问卷 18 份，一共得到 202 份有效问卷，问卷有效率为 91.8%。

5.3.3　实证分析

使用 SPSS19.0 和 AMOS18.0 对样本数据进行运算分析。

1．描述统计分析

参加本次调查的男性占 39.5%，女性占 60.5%。年龄结构上，22 岁以下的占 9.3%；22 ~ 32 岁的占 29%；33 ~ 42 岁的占 42%；43 ~ 52 岁的占 16%；53 ~ 67 岁及 67 岁以上的分别占 3.1% 和 0.6%。样本社会地位结构上，较低社会地位的占 37.1%，较高社会地位的占 32.2%，较高社会地位与较低社会地位的人数基本相同。本次被试的年龄主要分布在 22 ~ 52 岁之间，是目前市场上最具有消费能力的一群消费者。

2．信效度分析

第一，信度分析。本研究中所使用的量表主要是前人开发的成熟量表，通过问卷调查得到所需的样本数据。经统计软件对样本作 Cronbach's α 分析，分析得到自尊、虚荣特性、消费者自我—品牌联结 3 个变量的 Cronbach's α 系数分别是 0.893、0.855、0.984，信度都处于较高水平。由此可以认为样本问卷调查题目的信度良好。

第二，效度分析。本研究中所使用的量表主要是前人开发的成熟量表，通过问卷调查得到所需的样本数据。经统计软件对样本作因子分析，分析得到自尊、虚荣特性、消费者自我—品牌联结 3 个变量的 KMO 值分别为 0.865、0.798、0.929，皆处于较高的水平。由此可以认为样本问卷调查题目的效度良好。

5.3.4　假设检验

1．社会地位对消费者自我—品牌联结的影响

本部分将低收入和中等偏低收入的被试划分为较低社会地位组，中等偏上收入和高收入的被试划分为较高社会地位组，中等收入不是我们要研究的对象，所以在分析中将其剔除。使用单因素方差的统计分析方法来检验变量的主效应，主要检验了社会地位高低与消费者自我—品牌联结的关系。

分析结果如表 5 - 1 所示，消费者社会地位的高低与其对奢侈品的消费者自我—品牌联结存在显著的差异（$F = 103.357$，$p = 0.000$）。较低社会地位的消费者对奢侈品牌的消费者自我—品牌联结均值（$M = 2.91$）要小于较高地位的消费者对奢侈品牌的消费者自我—品牌联结均值（$M = 5.73$），H1 得到验证。因此认为社会地位对奢侈品产生的消费者自我—品牌联结有显著影响。较低社会地位的消费者对奢侈品产生的消费者自我—品牌联结低于较

高社会地位的消费者对奢侈品产生的消费者自我—品牌联结。

表 5 - 1　单因素方差分析

因变量：消费者自我—品牌联结	平方和	df	均方	F	p
组间	277.187	1	277.187	103.357	0.000
组内	370.093	138	2.682		
总数	647.280	139			

2. 自尊的调节作用

自尊的交互效应检验，我们采用多因素方差的统计方法分析，主要检验自尊对社会地位与消费者自我—品牌联结的交互作用。根据问卷中自尊的各题目的算数平均分得出样本自尊的得分，算出均值"5.5"为分界点，若高于"5.5"则设为高自尊，若低于"5.5"则设为低自尊。

方差齐性检验结果表明各组方差之间存在显著差异（$F = 1.399$，$p = 0.226 > 0.05$），方差具有齐性，可以进行交互效应检验。下面我们开始利用 SPSS 软件检验自尊与社会地位对消费者自我—品牌联结的交互作用，检验结果如表 5 - 2 所示。从表 5 - 2 可以看出自尊高低与消费者自我—品牌联结存在着显著的影响关系（$F = 17.412$，$p = 0.000 < 0.05$）；社会地位高低和自尊高低之间的交互作用对消费者自我—品牌联结也存在着显著的影响作用（$F = 8.549$，$p = 0.004 < 0.05$），H2 得到验证。检验过程中四组产生的消费者自我—品牌联结均值如表 5 - 3 所示。为了更直观地分析结果，我们将表中数据绘制成图 5 - 1。从图中我们可以看出，在低自尊的消费者中，低社会地位的消费者对奢侈品产生的消费者自我—品牌联结要高于高社会地位的消费者，低社会地位的消费者对奢侈品产生的消费者自我—品牌联结均值为 4.833，大于高社会地位的消费者对奢侈品产生的消费者自我—品牌联结均值 4.102，两组消费者自我—品牌联结存在显著差异，H2a 得到验证。而在高自尊的消费者中，低社会地位的消费者对奢侈品产生的消费者自我—品牌联结低于高社会地位的消费者，低社会地位的消费者对奢侈品产生的消费者自我—品牌联结均值为 3.066，小于高社会地位

的消费者对奢侈品产生的消费者自我—品牌联结均值5.179，两组消费者自我—品牌联结存在显著差异，H2b得到验证。

表5-2　自尊高低的调节效应分析结果

因变量：消费者自我—品牌联结				
源	III型平方和	df	均方	F	p
校正模型	150.566	3	109.012	46.295	0.000
截距	1 769.653	1	1 769.653	751.529	0.000
社会地位高低	140.000	1	140.000	59.455	0.000
自尊高低	41.000	1	41.000	17.412	0.000
社会地位高低*自尊高低	20.131	1	20.131	8.549	0.004
R 方 = 0.505（调整 R 方 = 0.494）					

表5-3　社会地位与自尊各组均值表

社会地位高低	自尊高低	均值
低	低	4.833
	高	3.066
高	低	4.102
	高	5.179

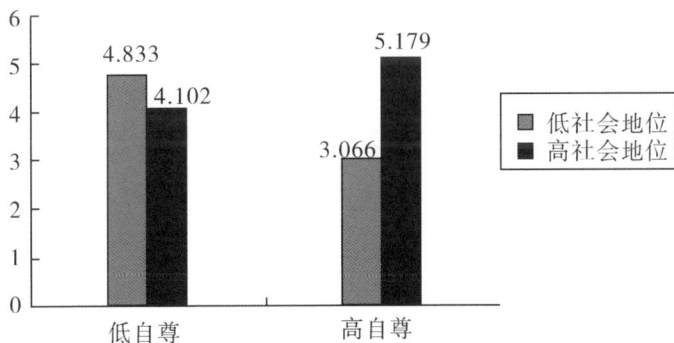

图5-1　社会地位与自尊各组均值图

3. 虚荣特性的调节作用

虚荣特性的交互效应检验，我们采用多因素方差分析的统计方法进行分析，主要检验虚荣特性、社会地位与消费者自我—品牌联结的交互作用。根据问卷中虚荣特性的各题目的算数平均分得出样本虚荣特性的得分，算出均值"5.2"为分界点，若高于"5.2"则设为高虚荣特性，若低于"5.2"则设为低虚荣特性。

方差齐性检验结果表明各组方差之间存在显著差异（$F = 0.553$，$p = 0.697 > 0.05$），方差具有齐性，可以进行交互效应检验。下面我们利用 SPSS 软件检验虚荣特性与社会地位对奢侈品的消费者自我—品牌联结的交互作用。

检验结果如表 5 - 4 所示，从表中可以看出虚荣特性高低与消费者自我—品牌联结存在显著影响关系（$F = 77.040$，$p = 0.000 < 0.05$）；社会地位高低与虚荣特性高低之间的交互作用对奢侈品的消费者自我—品牌联结也存在显著的影响作用（$F = 17.951$，$p = 0.000 < 0.05$），H3 得到验证。

检验过程中四组的消费者自我—品牌联结均值如表 5 - 5 所示，为了更直观地分析结果，我们将表中数据绘制成图 5 - 2。从图中我们可以看出，在低虚荣特性的消费者中，低社会地位的消费者对奢侈品产生的消费者自我—品牌联结均值为 2.370，略小于高社会地位的消费者对奢侈品产生的消费者自我—品牌联结均值 2.814，因此拒绝假设 H3a。而在高虚荣特性的消费者中，低社会地位的消费者对奢侈品产生的消费者自我—品牌联结均值为 3.579，高社会地位的消费者对奢侈品产生的消费者自我—品牌联结均值为 6.279，即低社会地位的消费者对奢侈品产生的消费者自我—品牌联结要显著低于高社会地位的消费者，因此 H3b 得到验证。

表 5 - 4　主体间效应的检验

因变量：消费者自我—品牌联结					
源	Ⅲ 型平方和	df	均方	F	p
校正模型	492.201	3	164.067	95.317	0.000
截距	1 373.651	1	1 373.651	789.039	0.000
社会地位高低	59.964	1	59.964	34.837	0.000
虚荣特性高低	132.607	1	132.607	77.040	0.000
社会地位高低 * 虚荣特性高低	30.899	1	30.899	17.951	0.000
R 方 = 0.644（调整 R 方 = 0.637）					

表5-5　虚荣特性与社会地位各组均值表

社会地位高低	虚荣特性高低	均值
低	低	2.370
	高	3.579
高	低	2.814
	高	6.279

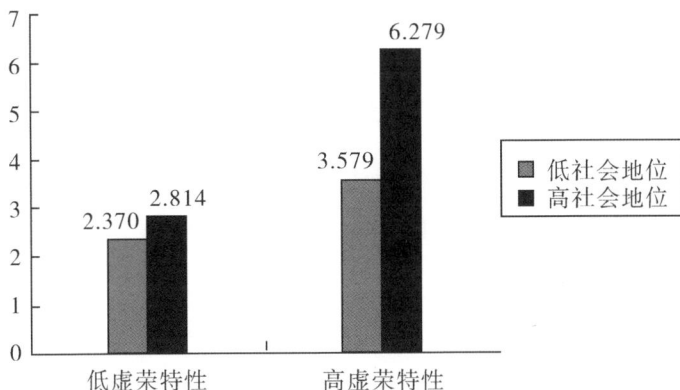

图5-2　虚荣特性与社会地位各组均值图

5.4　结论与管理建议

5.4.1　研究结论

中国已经成为全球最大的奢侈品消费国，虽然人均收入差距不断扩大，由于高社会地位的消费者对奢侈品具有更高的消费者自我—品牌联结，低社会地位的消费者相对于西方的消费者更为理性，不会出现与西方消费者一样将大部分的收入花费在奢侈品消费上用于追求地位的提升。由于高社会地位的消费者对奢侈品具备更强的消费者自我—品牌联结，随着国家城市化的发展，内陆较不发达地区的居民收入也将随之提升，这些慢慢富裕起来的消费者，也会对奢侈品有更大的需求，从而扩大了中国的奢侈品消费市场。

在本研究检验中得出，拥有高自尊的消费者，即使处于低社会地位时，也不会因为自己地位较低而改变自己的消费，与奢侈品产生较高的消费者自我—品牌联结。当低自尊的消费者处于较低的社会地位时，会对自身社会地位感到焦虑，进而改变自己的消费情况，与奢侈品产生超越自身社会地位水平的消费者自我—品牌联结。

本研究结果表明，虚荣特性与社会地位的交互作用对低社会地位的消费者的自我—品牌联结影响作用不大。高虚荣特性、低社会地位的消费者与奢侈品并没有产生较高的消费者自我—品牌联结。在当代中国社会，虽然已经没有了古代社会中那么多的约束，但是勤俭节约作为我国的传统美德并不会从人们的思想意识中根除。而虚荣特性带有一种炫耀自己的意思，中华民族的中庸思想使得人们在价值认同上并不会赞同通过炫耀来构建和维持自己的身份地位，也再次验证"行为与社会地位相符"。通过检验解决了所提出的问题，低社会地位的消费者进行奢侈品消费是由消费者的自尊所驱使的，而不是由虚荣特性驱使的。

5.4.2　管理建议

企业要特别关注中低层阶级的消费者。本部分所划分的属于高社会地位的消费者，其实在绝大多数圈子里仍然属于中层社会地位的消费者甚至是低层社会地位的消费者。Wong，Nancy 和 Aaron（1998）提出"在中国这样一个具有高等级观念、追求物质主义和地位消费的发展中国家，奢侈品的品牌诉求和公共可视标识必须要传递象征财富和成就的含义"。现今社会要求奢侈品牌所推出的品种符合社会规范，即消费者通过购买奢侈品可以与自己的社会地位相匹配。简单地说，就是要推出不同类别的产品以反映社会阶层存在的差异。可以通过使用清晰可见的品牌标识，或通过一系列的营销传播使得这些奢侈品牌更具有地位象征的价值。

他们同时还指出，中国已经有一部分的消费者对奢侈品的消费逐渐趋向于理性，这些消费者成熟的消费观念已经接近西方的奢侈品消费习惯，即奢侈品的消费是追求个人意义，消费者将按照自己的口味和标准来获得自我愉悦的体验。这些消费者是受西方文化中个人主义的影响，独立的自我得到重视，他们不喜欢受等级和依赖关系的束缚。但在消费价值观上，与西方传统的消费者相比在本质上有显著的不同，其中表现为对"愉悦"的界定存在一定的差异。因此，中国企业必须深入分析消费者购买的动机，明确目标消费群体。有针对性地实施文化导向的品牌形象战略。

⑥ 品牌形象与成员群体形象一致性对消费者自我—品牌联结的影响研究——社会圈子和面子意识的调节作用

6.1 问题的提出

当下，作为消费者的我们往往会发现自己的消费行为在一定程度上从属于某个社会群体，或者受到某个社会圈子中成员的影响。与西方社会的团体格局不同，中国的社会关系是按照亲疏远近的差序原则建构起来的差序格局（费孝通，1998）。在差序格局中，按照网络强度或者关系由亲密到疏远的程度划分出的一个个社会群体，就是社会圈子，它是一种特殊的、具有中国传统文化特色的成员群体。中国人一般会根据血缘、地缘、业缘、同学、战友等各种关系结成各种群体，即"社会圈子"，正如费孝通（1998）在其著作中所写的，在中国的社会结构中，"从己到天下是一圈一圈推出去的"。社会圈子作为参照群体当中的成员群体，对消费者自我—品牌联结的形成必然发挥着影响作用，然而，已有的研究却并没有对二者之间的这一关系进行深入探究。

此外，在中、西方学术研究中，面子意识一直是品牌研究领域的一个重要研究方面，消费者的面子意识会对其消费行为产生一定的影响作用。如袁少锋、高英和郑玉香（2009）指出，面子意识是影响消费者身份消费行为的重要原因。丁奕峰（2010）则证实了面子意识对炫耀性消费行为的正向作用。以往的研究也都或多或少地涉及了面子意识与消费者自我—品牌联结之间的关系，但并没有明朗地得出直观的结论。如 Li，Su（2006）

从面子的角度解释了为什么一些收入水平较低的中国消费者依然对名牌产品，甚至奢侈品牌有着强烈的消费欲望和兴趣，他们指出了"从众性"和"他人取向"等面子因素在其中发挥的作用，但没有发现二者恰恰与消费者自我—品牌联结理论中所提及的参照群体和成员群体有着相同的含义。而在以社会圈子为参照群体的背景下探讨面子意识对消费者自我—品牌联结的影响作用的研究就更少了。

因此，本研究在消费者自我—品牌联结的影响机制中引入两个新的因素——社会圈子和面子意识，在回顾已有相关研究的基础上，采用实验法来考察品牌形象与成员群体形象一致性对消费者自我—品牌联结的影响，并探讨以上两个相关因素对二者关系的调节作用，以期对消费者自我—品牌联结和消费者行为等相关理论做出一些完善和补充，并为企业的营销实践提供一定的借鉴。

6.2　文献回顾

6.2.1　社会圈子

社会圈子是费孝通先生（1998）在《乡土中国》"家族"一章中所提出的概念，他向我们说明了，中国社会和西方社会都存在着两种社会群体：一种是团体，是在团体格局中形成的社会群体；另一种是社会圈子，是在差序格局中形成的社会群体。社会结构的具体构成主要是由同一社会中这两种社会群体所占比重的大小或重要性的情况来决定的。从国内外的具体情况来看，在西方，团体占社会结构的主导地位，属于团体格局；而在中国，社会圈子占社会结构的主导地位，属于差序格局。与西方社会的团体格局相比，中国社会的差序格局是以"己"为中心，按照自己与他人关系亲疏远近的差序原则建构起来的社会关系格局，是以自我为中心向周围泛开的一种涟漪式结构。它就像是把石头投入水中所引起的一圈圈波纹，那一圈圈的波纹就是一个个关系亲疏远近不同的社会圈子，波纹之间的推挤，就是各社会圈子之间的联系。像水的波纹一般，社会圈子一层层推出去，愈推愈远，关系也愈推愈薄。每个人都有自己的社会圈子，每个人都是那块引起波纹的"石头"，亦即其社会影响所推出去的若干社会圈子的中心。

为了进一步解释社会圈子这个概念，费孝通还用"小家族"这个亲属社会群体来讨论社会圈子的构成。他认为西方的"家"就是"家庭"，其成员固定地包括丈夫、妻子及未成年的孩子，即核心家庭，不具有弹性。而在中国社会，首先在定义"家"的成员上就较为含混，除夫妻、孩子、父母、兄弟姐妹之外，还可以包括叔伯子弟，甚至亲缘关系更为疏远的其他亲属。这也就说明了，中国"家庭"或者说中国"小家族"是一个富于弹性的、边界模糊的社会群体，虽然它的核心是某个核心家庭，但完全可以根据具体情况和个人、家庭需要，或者与这个核心家庭关系的远近，将属于其亲属网络的其他成员纳入其中，成为规模更大的社会群体。

当然，社会圈子不仅仅只有"家庭"或者"小家族"这种带有血缘联系的社群种类，它以某个个体为中心，向外扩张的路径并不仅限于"血缘亲属"一种路径，费孝通提及"另一路线是朋友"。张江华（2010）认为，朋友是一种自致性关系，关系的缔结既可以产生在类似同学、战友、同乡这些在个人生命史上有过重要关联的社会成员之间，也可以纯粹来自于两个陌生人从熟悉到亲密之间的互动。柴玲和包智明（2010）的研究则认为，差序格局的最核心部分是血缘关系，向外扩张时则包括姻亲、拟血缘关系、地缘及业缘关系。陈俊杰和陈震（1998）也认为，家族血缘等儒家伦理差序是中国传统社会关系构建的根本原则，但仅用这一个因素来解释关系差序存在着各方面的缺憾。于是他们进一步指出了构成社会圈子"关系"的另外两个维度——情感和利益，他们认为，情感、利益和伦理这三种因素糅合才形成了不同"关系"的社会圈子。

不少学者对于差序格局和社会圈子在中国城市化进程中展现出来的新特点和新趋势也做了不同视角的阐述，这对于我们研究现代中国社会结构里社会圈子的特点有很好的借鉴作用。如张继焦（2004）在"乡村版"差序格局的基础上，根据城市发展的具体情况提出了"城市版"差序格局理论，该理论以迁移者的城市就业为案例，将社会关系分为四种：家庭关系、家族亲缘关系、地缘关系或业缘关系、新的业缘关系和朋友关系。这四种类型各自的网络强度可参见表6-1。

表 6 - 1　社会关系类型的网络强度

类型序号	关系	网络强度
类型 A	家庭关系	最强
类型 B	家族亲缘关系	较强
类型 C	地缘关系或业缘关系	有强有弱
类型 D	新的业缘关系和朋友关系	较弱

从表 6 - 1 可以看出，社会圈子网络是以建立在血缘关系基础上的家庭亲属为内核的，它首先向外延伸至存在于本家族的各种亲缘关系（如姻亲、远亲等），再延伸到聚族而居的地缘关系（如同村、同乡等），进而拓展到同学、朋友、战友、领导和同事等关系，它们的网络强度各不相同。

6.2.2　面子意识

关于面子的含义，学术界的普遍观点可以归纳为两种：第一，面子是一种社会建构（Goffman，1955），是某个团体或个人赋予自己的声誉或地位等；第二，面子是一种心理建构（Spencer - Oatey，2007；何友晖，1994），是自我在公众面前的一种表现，或形成的一种良好的个人形象。个体在消费行为中得到的面子同时包含了心理建构和社会建构这两个层面的含义（杜建刚、范秀成，2007）。心理建构层面的含义是指个体通过购买特定的产品塑造和展示自我形象；社会建构层面的含义是指他人对个体使用特定产品而展现的形象特点的评价和对其通过该产品而凸显的身份或角色的认可与肯定（汪涛、张琴，2011）。

"面子意识"这一概念是从面子的定义发展而来的，最早由 Bao，Zhou 和 Su（2003）提出。面子意识是指个体与他人交往的时候提升面子、保护面子和避免丢面子的意识和愿望。他们的研究利用实证研究方法检验了面子意识对于消费者行为决策制定风格的影响作用，其研究结果表明面子意识对于消费者的"品牌意识和价格质量对等"导向有着正向的影响作用，对于消费者的"价格意识和金钱价值"导向有着负向的影响作用。

现代理论一般认为，面子意识属于文化价值观的一环，而价值观对体现消费者自我—品牌联结的消费行为的影响已经在现有研究中得到了广泛的验证。例如，价值观会影响消费者对具有一定象征意义的产品品牌的评价、态度和购买意愿（Allen et al., 2008），而我们知道，消费者对于产品品牌的评价和态度正是消费者自我—品牌联结的关键因素。

李东进等（2009）的研究使用面子意识和群体一致意识这两个变量替代了合理行为模型的主观规范，构建了中国传统文化背景下合理行为模型的修正模型，其研究结果表明面子意识对行为倾向会产生显著的正向影响。袁少锋等（2009）通过对国内消费者对于名牌产品的态度及消费观念的研究证明了面子意识对炫耀性消费行为和地位消费行为都有着显著的正向影响作用。

此外，Li 和 Su（2006）的研究通过对面子及面子消费概念的丰富和发展，阐释了为什么一些收入水平相对较低的中国消费者依然对名牌产品甚至奢侈品有着强烈的兴趣。他们的研究发现，在面子的影响下，中国消费者的"从众性""他人取向""区分性"这三种面子消费实质上都会导致他们更加倾向于购买价格相对更高的名牌产品和奢侈品。而这里的"从众性"和"他人取向"则与上述的消费者自我—品牌联结理论中提及的参照群体异曲同工，因为参照群体正是通过"从众性"和"他人取向"来影响消费者自我—品牌联结的。此外，其他学者的研究也证明了面子意识与消费者自我—品牌联结的关系，如姜彩芬（2009）的研究表明，中国消费者的面子意识越强，其消费水平也就越高，也越倾向于以建立品牌关系为目标的消费行为。同样地，张梦霞（2005）的研究也证明，面子意识越强的消费者所购买的商品价位越高。王长征、崔楠（2011）的研究证实了消费者的面子意识和身份匹配观在总体上对消费者自我—品牌联结具有积极的促进作用。

6.3 研究框架与假设

消费者通过使用某个特定品牌来塑造、强化及表达自我，就是消费者自我—品牌联结（Escalas, Edson & Bettman, 2003）。如上所述，由一系列品牌联想组成和勾勒出的品牌形象与参照群体是在消费者自我—品牌联结的形成过程中发挥重要作用的两个因素。参照群体是指被消费者用来与自我进行比较对照的社会群体，可分为成员群体和非成员群体。成员群体指的是个人已经是其成员，或将来想要融入的，想求得其认同和归属的群体，而非成员群体则相反。消费社会学认为。人的一切消费活动都具有社会性（Schau，hope & Cristel，2005）。消费者在进行产品消费的过程中，往往试图通过消费行为来构建自我形象，寻求群体归属和社会认同（Cher-nev et al.，2011）。在消费的过程中，消费者将品牌形象与参照群体形象进行比对，根据二者一致与否决定是否与其建立消费者自我—品牌联结。杜伟强等（2009）的研究证明，消费者倾向使用那些品牌形象与渴望归属的成员群体形象一致的产品品牌来表达自身所从属的成员群体，同时规避使用那些品牌形象与渴望归属的成员群体形象相悖的产品品牌来表达自身所不从属的成员群体。Escalas 和 Bettman（2003，2005）的研究表明，品牌形象与成员群体形象一致与否，对消费者自我—品牌联结有正面作用，当品牌形象与成员群体形象一致时形成的消费者自我—品牌联结，高于品牌形象与成员群体形象相悖时形成的消费者自我—品牌联结。所以，我们首先提出如下假设：

H1：消费者和品牌形象与成员群体一致的品牌形成的消费者自我—品牌联结，高于其和品牌形象与成员群体相悖的品牌形成的消费者自我—品牌联结。

在中国社会的差序格局下，根据关系的亲疏远近而形成的社会圈子，如由直系亲属、关系亲密的朋友和熟人组成的人群与自己形成的关系相对亲密的社会圈子和由同事、领导、远房亲戚组成的人群与自己形成的关系相对疏远的社会圈子，是一种特殊的、具有中国文化背景和特色的成员群体。参照群体是影响消费者自我—品牌联结形成的重要因素之一，作为参照群体中成员群体的社会圈子，其必然对消费者自我—品牌联结的形成存在影响。"关系的亲疏远近"在一定程度上等同于"情感承诺"，而陈俊杰和陈震（1998）认为情感承诺这一因素是关系划分的重要维度。

杜伟强等（2009）的研究表明，消费者对成员群体的情感承诺程度对消费者自我—品牌联结有一定的影响作用。也就是说，处于不同的社会圈子当中的消费者，由于成员群体情感承诺程度的不同，其消费者自我—品牌联结水平的高低会存在显著差异，而且受品牌形象与成员群体形象一致性与否的影响程度也不同。杜伟强等（2009）证明，当消费者对成员群体的情感承诺程度为高、中时，消费者和品牌形象与成员群体相悖的品牌形成的消费者自我—品牌联结是较低的。而在现实生活中，关系疏远、情感承诺程度低的社会圈子所排斥的品牌，一般也受到该圈子成员的排斥，因为该成员在圈子的融入程度不高，为了彻底融入该圈子，获得该圈子的社会认同，就必须使自我形象和圈子形象相一致，那么该成员和品牌形象与关系疏远的社会圈子相悖的品牌形成的消费者自我—品牌联结可能会比较低。而在关系亲密、情感承诺程度高的社会圈子里，该成员融入圈子的程度较高，所以对获得该圈子社会认同的需求不会很强烈，即使是品牌形象与该圈子相悖的品牌，消费者也不一定会与其形成非常低的消费者自我—品牌联结。可见，消费者在发生消费行为时，因为其所处的、与该消费行为相关的社会圈子和这一成员群体不同，其消费者自我—品牌联结的程度受品牌形象与成员群体形象一致性的影响程度是不一样的。比如送礼给家人时，消费者并不会过于倾向用某个品牌来表达自我形象和获得成员群体的认同，所以消费者与购买的品牌形成的消费者自我—品牌联结并不会太高；而在送礼给领导的时候，消费者就有可能需要通过某个品牌来表达自我形象和获得社会认同，所以消费者与购买的品牌就会形成较高的消费者自我—品牌联结。综合上述分析，我们提出如下假设：

H2：与处于关系亲密的社会圈子的消费者相比，对于处于关系疏远的社会圈子的消费者来说，品牌形象与成员群体是否一致对他们与品牌所形成的消费者自我—品牌联结的影响更为显著。

个体通过消费行为获得的面子是心理建构和社会建构这两者的集合（杜建刚、范秀成，2007）。很显然，消费者自我—品牌联结所满足的两个个人需求——表达自我形象和获得社会认同，恰恰就是面子的两大核心要素。此外，翟学伟（1994）还指出，面子意识强的人会十分重视身边的参照群体，而参照群体在消费者自我—品牌联结的形成过程中发挥着十分重要的作用（Escalas，Edson & Bettman，2003）。可见，面子意识与消费者自我—品牌联结之间有着千丝万缕的联系。

李东进等（2009）指出，当个体的面子意识越高时，他就越容易受到面子意识的强烈影响而产生一些能为自己提升面子或防止自己丢面子的行为，也就是说个体的行为倾向和行为目标会受到个体的面子意识的显著影响。袁少锋等（2009）的研究也发现，当个体的面子意识越高时，他就越可能受到面子意识的影响而做出一些炫耀性消费行为和地位消费行为，比起面子意识较低的个体，他们更愿意使用某些特定品牌（如某些高档品牌、知名品牌或者能使个体产生独特联想的品牌）来凸显个人的身份与地位。这些都说明了，面子意识较高的消费者会在社会交往活动（包括消费行为）中更注意与面子有关的事物，而且会修正个人行为从而维护或增加自己的面子；面子意识相对较低的消费者对面子和与面子相关的事物的关注程度也较低，维护和增加面子对他们而言并不具有重要意义，所以他们不会倾向于那些能为自己获取更多面子的行为。

如果把这些行为特点放到具体的消费领域当中，由以上分析我们可以知道，消费者面子意识的不同，其对群体中其他成员认同和肯定的需求程度也就不同，因此其对成员群体当中其他成员的评价的在乎程度也是不一样的，其消费者自我—品牌联结受品牌形象与成员群体形象一致性的影响程度也必然不同。面子意识较高的个体，对于能不能通过消费行为增加或提升自己的面子十分介意，对成员群体中其他成员对自己的评价十分在乎，特别希望得到成员群体的认同和肯定，因此对自己所消费的品牌形象与成员群体形象的一致性要求比较高，只有二者一致时，才能形成较高水平的消费者自我—品牌联结，而面子意识较低的个体则相反。由此可见，消费者面子意识的高低，对品牌形象与成员群体形象一致性和消费者自我—品牌联结之间的关系有调节作用。基于以上，提出如下假设：

H3：对于面子意识分别为较高、中等和较低的三类消费者，品牌形象与成员群体是否一致对他们与品牌形成的消费者自我—品牌联结的影响作用是有显著差异的。从而得到如下研究理论模型（见图6-1）：

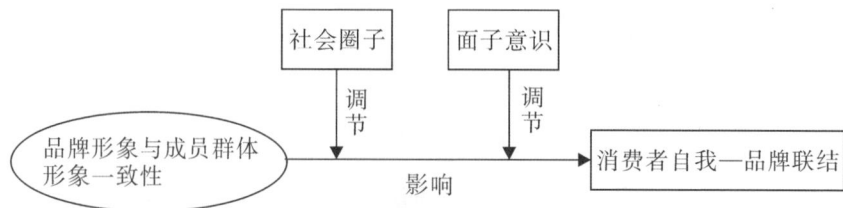

图 6-1   理论模型

6.4 社会圈子和面子意识对消费者自我—品牌联结的共同影响：实验设计与研究分析

6.4.1 实验设计

本研究以大学生群体为抽样对象，设计具体的假设情景对其进行了两次情景调研，两次调研采用了类似的实验设计。实验一采用的是 2（成员群体类型：关系亲密的社会圈子、关系疏远的社会圈子）×2（品牌形象与成员群体形象是否一致：一致、相悖）的混合实验设计，"成员群体类型"和"品牌形象与成员群体形象是否一致"均为被试内因素。我们邀请了 86 名在校大学生参加了此次调研，并向每位被试发放了小礼品作为激励。本次调研选取的实验标的物是服装。其具体实验设计如下：

步骤一：为了使得实验能顺利进行，在实验正式开始之前，我们会向被试介绍关系亲密的社会圈子，并告知他们接下来必须以该关系圈为参照群体，各写一个品牌形象与该关系圈一致或相悖的品牌（并介绍"一致"和"相悖"在此情景的具体内涵）。接着，本实验为被试设计了一个比较具体的场景，以期在帮助被试理解研究背景的同时，也对其他因素进行较好的控制。具体场景设计如下：

"你是一名在读大学生，最近你兄弟（姐妹）结婚了，举办了一次家族聚会。你要到场参加这次聚会，但没有一套适合聚会的正式礼服。于是你来到一家大型服装商城，正在考虑购买哪个品牌的礼服。请你根据该情景选择一个最喜欢的品牌和一个最厌恶的品牌。"

在被试做出选择之后，请被试评价自己与这两个服装品牌的消费者自我—品牌联结程度。然后，要求被试把该情景中所涉及的社会圈子作为其成员群体，并写出一个非成员群体。最后，请被试分别测量其与这两个成员群体的从属程度。

步骤二：与步骤一类似，研究会在正式实验开始前向被试介绍关系疏远的社会圈子，并告知他们接下来必须以该关系圈为参照群体，各写一个品牌形象与该关系圈一致或相悖的品牌。同样地，本实验也为被试设计了一个比较具体的场景：

"你是一名公司的职员，最近公司要举办年终聚会，要求所有人盛装出席，于是你考虑购买一套新礼服。你来到一家大型服装商城，正在考虑购买哪个品牌的礼服。请你根据该情景选择一个最喜欢的品牌和一个最厌恶的品牌。"

在被试做出选择后，请被试评价自己与这两个服装品牌的消费者自我—品牌联结程度。然后，请被试以该情景中所涉及的社会圈子为成员群体，写出一个非成员群体。最后，请被试分别测量其与这两个成员群体的从属程度。

实验二采用的是3（面子意识：较高、中等、较低）×2（品牌形象与成员群体形象是否一致：一致、相悖）的混合实验设计，"面子意识"和"品牌形象与成员群体形象是否一致"均为被试内因素。我们邀请了90名在校大学生参加了此次调研，并且向每位被试发放小礼品作为激励。本次调研选取实验标的物是皮鞋（高跟鞋）。其具体的实验设计与实验一类似，只是实验二选用了皮鞋（高跟鞋）作为刺激物，并在两个步骤的最后均加入了一个测量被试面子意识高低的步骤。

两个实验设计中的实验标的物的选择主要是考虑到：第一，服装和皮鞋（高跟鞋）作为每个人着装的重要组成部分，跟大家的日常生活关系密切，属生活必需品，大学生对各类品牌的了解也较为全面，而且它们作为一般的公开消费品，随着其款式设计的发展丰富，几乎每个成年人都形成了自己特定的衣着偏好，并能在一定程度上反映出其自身的形象特点和品位；第二，市场上服装和皮鞋（高跟鞋）的品牌种类繁多，覆盖了高、中、低档各个消费层次，消费者比较熟悉，也较容易与这些品牌形成消费者自我—品牌联结，这有助于调研的顺利进行。

6.4.2　变量测量

我们在研究正式开始之前都设计了一个预调研，目的是收集大学生最熟悉的服装（鞋类）品牌，从而便于形成品牌列表以供被试在正式实验中选择。我们通过问卷调查和访谈的形式对30位大学生进行调查，让他们每人提出5个自己所知悉的品牌。然后，我们将得到的这些品牌按照出现频次的高低抽取出16个出现频次最高的品牌，其中男装和女装各为8个。我们将这16个品牌随机排列成为一个品牌列表，以供被试在正式实验里选择。

关于消费者自我—品牌联结程度的测量，本研究选用的是 Escalas 和

Bettman 在 2003 年和 2005 年的研究中使用的，包含 7 个测项的 7 级量表，其 Cronbach's α 系数为 0.90；关于消费者面子意识的测量，本研究选用的是 Xin-an Zhang，Qing Cao 和 Nicholas Grigoriou 在 2011 年的合作研究中使用的面子得失量表，该量表包含 11 个测项，其 Cronbach's α 系数为 0.82。

6.4.3 数据分析和结果

本研究在两个实验中先后使用主效应检验和交互效应检验来验证研究假设。

1. 实验一

在实验一中，首先对整体数据进行信度检验，并就被试的群体归属程度进行操纵检验。信度检验的结果表明消费者自我—品牌联结的整体 Cronbach's α 系数为 0.97，大于 0.7，数据信度较高。操纵检验主要是检验被试从属于成员群体、非成员群体的程度，借鉴的是 Escalas 和 Bettman（2003，2005）所使用的，包含 3 个测项的操纵检验量表。通过该量表所取得的实验数据，我们将被试对成员群体、非成员群体的归属程度做了一个比较，数据分析结果显示，处于关系亲密的社会圈子的被试，其 "成员群体" 均值为 5.73，"非成员群体" 均值为 2.24，$F = 589.84$，$p = 0.000$；处于关系疏远的社会圈子的被试，其 "成员群体" 均值为 5.48，"非成员群体" 均值为 2.13，$F = 566.35$，$p = 0.000$。可见，无论所处的社会圈子类型如何，被试都显著地（$p = 0.000$）认为他们属于该社会圈子（成员群体），而不属于非成员群体。这个结果说明我们对被试的操纵是成功的。接下来使用 One-Way ANOVA 方法进行主效应检验和交互效应检验。

主效应主要检验了品牌形象与成员群体形象是否一致和消费者自我—品牌联结的关系。结果显示：处于关系亲密的社会圈子的消费者，其和品牌形象与成员群体形象一致的品牌形成的消费者自我—品牌联结均值为 4.124 1，而和品牌形象与成员群体形象相悖的品牌形成的消费者自我 品牌联结均值为 2.762 6，两组消费者自我—品牌联结均值存在显著差异（$F = 139.044$，$p = 0.000$）。这就说明了，当处于关系亲密的社会圈子时，消费者和品牌形象与成员群体形象一致的品牌形成的消费者自我—品牌联结显著高于其和品牌形象与成员群体形象相悖的品牌形成的消费者自我—品牌联结。处于关系疏远的社会圈子的消费者，其和品牌形象与成员群体形象一致的品牌形成的消费者自我—品牌联结均值为 4.83，而和品牌形象与成员群体形象相悖的品牌形成的消费者自我—品牌联结均值为 2.45，两组消费者自我—品牌联结均值存在显著差异（$F = 347.393$，$p = 0.000$）。这就说明了，当处于关系疏远的社会圈子时，消费者和品牌形象与成员群体形象一致的品牌形成的消费者自我—品牌联结高于其和品牌形象与成员群体形象相悖的品牌形成的消费者自我—品牌联结。

综合上述分析过程，我们证明了无论消费者处于关系亲密或疏远的社会圈子，品牌形象与成员群体形象一致与否始终对其消费者自我—品牌联结产生显著的影响作用，假设 H1 成立。

交互效应主要检验的是社会圈子类型和品牌形象与成员群体形象一致性二者对消费者自我—品牌联结的交互作用。方差齐性检验结果表明各组方差之间并不存在显著差异（$F = 0.875$，$p = 0.622$），方差具有齐性，可以进行交互效应检验，结果如表 6 - 2 所示：品牌形象与成员群体形象一致性对消费者自我—品牌联结有显著的影响（$F = 472.346$，$p = 0.000$）；成员群体类型和品牌形象与成员群体形象一致性之间的交互作用对消费者自我—品牌联结也存在比较显著的影响（$F = 35.008$，$p = 0.000$）。

表 6 - 2　品牌形象与成员群体形象一致性和成员群体类型对消费者自我—品牌联结的交互效应

源	平方和	自由度	均方	F	p
校正模型	303.842	3	101.281	170.858	0.000
截距	4 014.007	1	4 014.007	6 771.542	0.000
品牌形象与成员群体形象一致性	279.995	1	279.995	472.346	0.000
品牌形象与成员群体形象一致性 * 成员群体类型	20.752	1	20.752	35.008	0.000

注：R 方 = 0.619（调整 R 方 = 0.615）。

检验过程中四组的消费者自我—品牌联结均值如表 6 - 3 所示。可见，在品牌形象与成员群体形象一致时，处于关系亲密的社会圈子的消费者和品牌形成的消费者自我—品牌联结均值为 4.12，而处于关系疏远的社会圈子的消费者和品牌形成的消费者自我—品牌联结均值为 4.83，两组消费者自我—品牌联结均值存在显著差异。而在品牌形象与成员群体相悖的情况下，处于关系亲密的社会圈子的消费者和品牌形成的消费者自我—品牌联结均值为2.76，而处于关系疏远的社会圈子的消费者和品牌形成的消费者自我—品牌联结均值为2.45，两组消费者自我—品牌联结均值同样存在显著差异。

为了更直观地展示分析结果，我们将表6-3中数据绘制成图6-2。从图6-2中我们可以看出，在品牌形象与成员群体形象一致与相悖时，处于关系疏远的社会圈子的消费者与品牌所形成的消费者自我—品牌联结的直线斜率，比处于关系亲密的社会圈子的消费者与品牌所形成的消费者自我—品牌联结的直线斜率更大，这就说明了，与处于关系亲密的社会圈子的消费者相比，对于处于关系疏远的社会圈子的消费者来说，品牌形象与成员群体形象一致与否对消费者自我—品牌联结的影响更显著，假设 H2 得证。

表6-3   在不同关系格局中各组均值表

品牌形象与成员群体形象一致性	关系亲密的社会圈子	关系疏远的社会圈子
一致	4.12	4.83
相悖	2.76	2.45

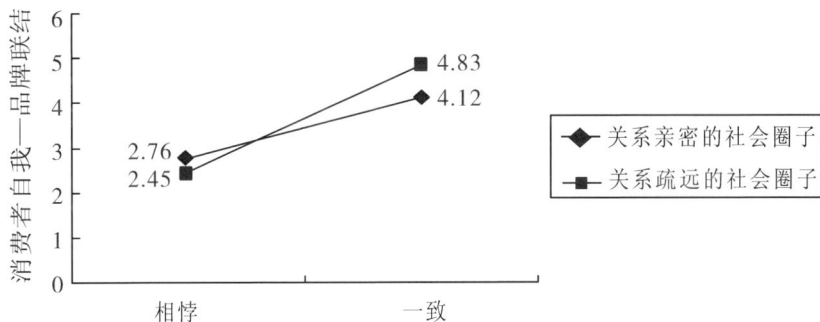

图6-2   在不同关系格局中各组均值图

2. 实验二

同样地，实验二也首先对整体数据进行信度检验，并就被试的群体归属程度和面子意识进行操纵检验。信度检验结果显示面子意识整体

Cronbach's α 系数为 0.958，消费者自我—品牌联结整体 Cronbach's α 系数为 0.963，均大于 0.7，符合信度要求，说明相关变量的信度较高，足以支持下一步的数据分析。关于被试群体归属程度的操纵检验，与实验一相同。数据处理结果显示，处于关系亲密的社会圈子的被试，其"成员群体"均值为 5.82，"非成员群体"均值为 2.38，$F = 596.33$，$p = 0.000$；处于关系疏远的社会圈子的被试，其"成员群体"均值为 5.50，"非成员群体"均值为 2.12，$F = 572.47$，$p = 0.000$。可见，无论处于何种类型的社会圈子，被试都显著地（$p = 0.000$）认为他们属于该社会圈子（成员群体），而不属于"非成员群体"，操纵成功。

关于被试面子意识的操纵检验的数据处理结果表明，面子意识较高的一组的面子意识均值为 5.556 2，面子意识中等的一组的面子意识均值为 4.167 5，面子意识较低的一组的面子意识均值为 2.254 0，三组之间存在着显著差异（$F = 220.923$，$p = 0.000$），说明我们对面子意识的测量及分组操纵也是成功的。

在上述分析的基础上，接下来主要使用 Two-Way ANOVA 的统计分析方法进行交互效应检验，检验品牌形象与成员群体形象一致性和面子意识对消费者自我—品牌联结的交互作用。检验过程与实验一的主效应检验一样，分别在关系亲密的社会圈子和关系疏远的社会圈子两种参照情景下进行。

①在关系亲密的社会圈子参照情景下的情况：方差齐性检验结果表明各组方差之间并不存在显著差异（$F = 0.742$，$p = 0.543$），方差具有齐性，可以进行交互效应检验。检验结果如表 6 - 4 所示：品牌形象与成员群体形象一致性和消费者自我—品牌联结之间存在着显著的影响（$F = 214.388$，$p = 0.000$）；面子意识和品牌形象与成员群体形象一致性之间的交互作用对消费者自我—品牌联结也存在比较显著的影响（$F = 24.936$，$p = 0.000$）。各组消费者自我—品牌联结均值如表 6 - 5 所示：在品牌形象与成员群体形象一致的情况下，面子意识较低、中等和较高的三类消费者的消费者自我—品牌联结均值分别为 3.191 0、4.203 6 和 5.071 9，三者存在显著差异；在品牌形象与成员群体形象相悖的情况下，面子意识较低、中等和较高的三类消费者的消费者自我—品牌联结均值分别为 2.622 5、2.889 3 和 2.589 4，也存在显著差异。为了更直观地展示分析结果，我们

将表 6-5 中的数据绘制成图 6-3。从图中我们可以看出，三条直线的斜率从大到小依次对应的是面子意识较高、中等和较低的三类消费者。这说明面子意识不同的消费者，品牌形象与成员群体形象一致性对消费者自我—品牌联结的影响存在显著差异。对于面子意识较高的消费者来说，消费者自我—品牌联结受品牌形象与成员群体形象一致性的影响最大，中等的次之，较低的最小。

表 6-4　品牌形象与成员群体形象一致性和面子意识对消费者自我—品牌联结的交互效应

源	平方和	自由度	均方	F	p
校正模型	107.791	5	21.558	65.596	0.000
截距	1 564.146	1	1 564.146	4 759.280	0.000
品牌形象与成员群体形象一致性	70.459	1	70.459	214.388	0.000
品牌形象与成员群体形象一致性 * 面子意识	16.391	2	8.195	24.936	0.000

注：R 方 = 0.680（调整 R 方 = 0.670）。

表 6-5　在不同面子意识的消费者中各组均值表

消费者分组	品牌形象与成员群体形象一致	品牌形象与成员群体形象相悖
面子意识较低	3.191 0	2.622 5
面子意识中等	4.203 6	2.889 3
面子意识较高	5.071 9	2.589 4

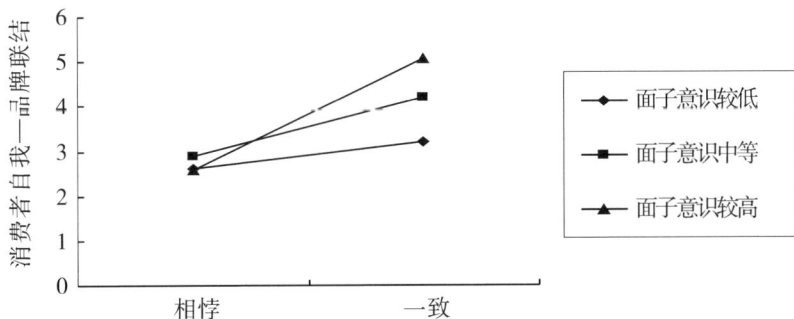

图 6-3　在不同面子意识的消费者中各组均值图

②在关系疏远的社会圈子参照情景下的情况：与上述分析过程类似，只是把参照情景的圈子改为关系疏远的社会圈子。具体的数据分析结果亦与上述类似，证明了当处于关系疏远的社会圈子时，对于面子意识较高的消费者来说，品牌形象与成员群体形象的一致性对消费者自我—品牌联结的影响比那些面子意识程度中等或较低的消费者更显著。

通过对以上数据处理结果的讨论，我们证明了无论处于何种社会圈子，对于面子意识分别为较高、中等和较低的三类消费者来说，品牌形象与成员群体形象是否一致对他们与品牌形成的消费者自我—品牌联结的影响作用是有显著差异的，也就是说，面子意识在品牌形象与成员群体形象一致性和消费者自我—品牌联结二者的关系中有着一定的调节作用，假设H3 得证。

6.5　结论与管理建议

6.5.1　研究结论和管理启示

作为影响企业品牌资产的重要因素，消费者自我—品牌联结在企业的品牌营销战略中发挥着毋庸置疑的重要作用。本研究以消费者自我—品牌联结为核心，分析了品牌形象与成员群体形象一致性与消费者自我—品牌联结的关系，以及社会圈子和面子意识对二者关系的调节作用。研究发现：

①品牌形象与成员群体形象一致性对消费者自我—品牌联结具有显著的正向影响作用。

品牌形象与成员群体形象一致时消费者形成的自我—品牌联结，显著高于形象相悖时。这一发现可以为企业制定相应的品牌定位和宣传策略提供参考。比如，在确定某产品的目标消费者为当代大学生群体后，企业可以按照当代大学生群体最突出的形象特质和消费特点为该产品量身定做出针对性较强的产品定位策略和品牌形象推广计划，从而为该产品树立与当代大学生群体形象保持高度一致的品牌形象，促使目标消费者倾向于与该产品建立更高的消费者自我—品牌联结，进而驱动消费者的购买行为。

②消费者所属的社会圈子类型和品牌形象与成员群体形象一致性二者

对消费者自我—品牌联结具有交互影响作用。

当品牌形象与成员群体形象一致时，处于关系疏远的社会圈子的消费者的自我—品牌联结高于处于关系亲密的社会圈子的消费者的自我—品牌联结；当品牌形象与成员群体形象相悖时，处于关系疏远的社会圈子的消费者的自我—品牌联结低于处于关系亲密的社会圈子的消费者的自我—品牌联结。即与处于关系亲密的社会圈子的消费者相比，对于处于关系疏远的社会圈子的消费者来说，品牌形象与成员群体形象是否一致对他们与品牌所形成的消费者自我—品牌联结的影响更为显著。以此研究结果为依据，企业可以根据自身产品的目标消费者经常出现的社会圈子类型来为该产品制定相应的能够营造出该产品所处的社会圈子氛围的品牌宣传策略。比如，在确定了企业的某产品（如西装、皮鞋）主要出现在商务社交圈子后，企业在制定其产品的广告策略时就可以为自己的产品塑造出一个置身于商务社交圈子背景下的品牌形象，从而使得消费者更倾向于和该产品建立消费者自我—品牌联结。

③消费者的面子意识和品牌形象与成员群体形象一致性二者对消费者自我—品牌联结具有交互影响作用。

当品牌形象与成员群体形象一致时，面子意识较高的消费者所形成的消费者自我—品牌联结高于面子意识为中等和较低的消费者所形成的消费者自我—品牌联结；当品牌形象与成员群体形象相悖时，面子意识较高的消费者所形成的消费者自我—品牌联结低于面子意识为中等和较低的消费者所形成的消费者自我—品牌联结。即对于面子意识分别为较高、中等和较低的三类消费者，品牌形象与成员群体形象是否一致对他们与品牌形成的消费者自我—品牌联结的影响作用是有显著差异的。因此，企业可以按照面子意识的高低进行市场细分。比如，在确定某产品属于"面子消费"产品类型（即该产品能为消费者增加或提升面子）后，企业就可以为该产品分配一个针对面子意识高的人群的细分市场，因为相比面子意识较低的人群，该产品更容易受到面子意识高的人群的青睐；在确定某产品不属于"面子消费"产品类型（即不能为消费者带来"有面子"的感受）后，企业可以为该产品分配一个针对面子意识低的人群的细分市场，因为该产品可能更容易受到面子意识低的人群的欢迎。

6.5.2　不足与展望

本研究不可避免地存在需要改进及完善的地方，以下是笔者对本研究局限性的客观总结及对未来相关研究的建议与展望。

①在考察社会圈子类型对消费者自我—品牌联结的调节作用时，本研究仅选取了由直系亲属、关系亲密的朋友和熟人组成的人群与自己形成的关系相对亲密的社会圈子和由同事、领导、远房亲戚组成的人群与自己形成的关系相对疏远的社会圈子，未对社会圈子类型做出更为细致的分类并进行研究，可能会对一些社会圈子类型在消费者自我—品牌联结影响机制中的调节作用研究得不够完整。未来的研究可以针对这一问题进行更加深入和细致的探索。

②本研究在实证研究部分选取的产品都属于表达自身形象、易于展示面子的公开消费品，与其他类别的产品相比，这类产品在凸显消费者身份和地位的能力方面具有较大优势，所以这类产品会对消费者与品牌建立消费者自我—品牌联结有更显著的影响。然而，当今市场的产品类别纷繁复杂，对于一些无法凸显消费者身份和地位的产品来说，这个影响作用就未必会那么强烈，其具体的影响作用和影响机理需要我们在未来的研究中继续探讨和证明。

③本研究的调研样本都来自在读大学生群体，样本所属群体较为单一，导致了本研究的样本局限性，未能将其他社会群体在本实验中可能产生的不同影响作用纳入研究分析中。因此，未来的研究需要继续增加实验样本覆盖的社会群体类型，从而进一步提高相关研究的科学性和完整性。

下编

消费者自我—品牌联结与品牌管理

7 赠礼情景下礼品品牌形象 对购买意愿的影响研究

7.1 问题的提出

赠礼（gift-giving）发生于任何社会的任何发展阶段，在中国这个自古讲究"礼尚往来"的国度，其历史和文化渊源更为悠久和深厚，是我们在日常生活中时常要投入大量的时间、精力和金钱而发生的行为（Francesca，Francis，2011）。它不仅是一种经济事务，更是一种含蓄的沟通过程，对人际交往有重要的能动作用。

中国礼品行业具有起步晚、发展快的特点。中国报告大厅和国家统计局发布的 2014 年礼品行业统计数据均显示，虽然目前受某些政策的影响，但礼品经济依旧繁荣，礼品行业依然位居我国最具规模的产业行列中，其蕴含的市场潜力不言而喻。因此，对中国礼品市场及中国消费者的礼品消费心理和行为展开研究是具有现实意义的。

赠礼行为作为一种消费行为会受到诸多因素的影响。首先，不少学者都认为，赠礼行为要与一个国家或地区的文化习俗和规范相吻合（Karl，Marina & Solas，2005）。中国是一个关系导向型国家（彭茜、庄贵军、周茵，2012），讲关系是中国社会的标志性特点，也是在中国市场取得营销成功的基础性变量（庄贵军，2012）和决定性因素。很多学者都认识到了关系对中国人赠礼行为的影响，但已有的研究多为理论论述或抽象的概念模型，实证研究比较匮乏。其次，消费者行为理论和人际影响理论都指出，对消费行为的探讨除了应考虑人际关系等外部环境因素外，还应考虑消费者自身特质等内部因素。许多学者将自我建构这一人格特质作为解释变量，认为自我建构不同的消费者具有不同的消费行为特点（Torelli，2006；戚海峰、费鸿萍，2011）。目前，大多学者都已经认同关系在中国消费者赠礼行为中的影响作用，但从自我建构视角对中国人的赠礼行为进行解读的研究还很少。再次，从总体上来看，在已有的针对中国消费者赠礼行为的国内研究中，多数是对赠礼行为这一整体概念直接进行讨论和研究，并未将其分解成更为清晰、具体的行为变量，这使得相关的研究结果大而空，对实践的指导意义不大。

戚海峰和费鸿萍（2011）认为，中国消费者的礼品品牌购买选择行为如何在自我判断与人际关系规范两种因素的影响下做出取舍，是一个非常有意思的研究主题。因此，本研究将从赠礼过程中消费者对礼品品牌形象一致性的购买选择这一具体的问题切入，用实证的方法研究外部环境因素"关系类型"和内部人格特质因素"自我建构"对上述问题的影响和作用机制。希望借此研究成果对中国消费者赠礼行为的影响因素和作用机制做一个剖析，在丰富相关领域研究成果、填补研究空白的基础上，引导国内外相关企业更好地了解中国市场和中国消费者，为其有的放矢地展开营销实践活动提供参考和启示。

7.2 文献回顾

7.2.1 赠礼

赠礼是指发生在赠礼者与收礼者之间的一种自发和无偿的礼物赠予和交换行为（Sherry，1983）。本部分研究的是人际赠礼（interpersonal gift-giving，IG），即个体与个体之间的赠礼行为。

营销领域对赠礼行为的研究最早始于 20 世纪 70 年代末（Belk，1979）。相关研究多从赠礼者角度出发（Karl，Marina & Solas，2005），聚焦于研究赠礼的"动机"，认为动机是决定消费者赠礼行为特征的关键变量，动机的差异导致赠礼行为的不同（蒋廉雄、卢泰宏、邹璐，2007）。20 世纪 90 年代初，学术界开始出现针对中国消费者赠礼心理和行为特点的研究（蒋廉雄、卢泰宏、邹璐，2007）。相关研究多基于中国文化背景，将中国社会特殊的文化价值观与消费者的赠礼行为联系在一起，普遍认同关系（乐晶，2006；王海忠、江红艳、江莹，等，2010）、人情、面子（Qian，Razzaque & Keng，2007）、礼貌（Chan et al.，2003）等中国本土化的价值观和社会规范是孕育中国人独特赠礼行为的重要因素（蒋廉雄、卢泰宏、邹璐，2007），由此建立起基于中国本土范畴的消费者赠礼行为和赠礼心理的分析框架。

就赠礼情景下消费者对礼品品牌形象一致性的选择问题而言，Morgan和Susan（2011）的研究表明，当给关系亲近的对象赠礼时，购买与自身（赠礼者）身份、形象相悖的礼物给关系亲近的对象时，会使赠礼者感受到强烈的身份威胁；而当给关系疏远的对象赠礼时，赠礼者因不会感受到身份威胁，所以可能会做出与自己身份、形象相悖的产品或品牌选择，以满足和迎合收礼者的需求和喜好。Wolfinbarger 和 Gilly（1996）将赠礼的情景归纳为"人生经历仪式"和"人生进行仪式"两种。前者指发生频率低、规模大且较正式和重要的事件（例如婚礼），后者指发生频率高、规模小且较普通的事件（例如生日、周年纪念日、母亲节等）。其研究发现，相比人生经历仪式，在人生进行仪式情景下，赠礼者会更倾向选择与自身形象一致的礼物。Suri 等（2015）通过 3 个实验研究了赠礼情景（人际赠礼、自我赠礼）、赠礼动机（报答、补偿）及自我建构（独立自我、互依自我）对消费者礼品选择行为的影响，为理解和研究消费者赠礼行为提供新的视角和范式。跟国外相比，国内学者对赠礼情景下赠礼者对品牌形象一致性购买选择问题的研究成果很少，该领域还有很大的研究空间。

7.2.2　关系与关系类型

1. 概念

在中国的语言环境中，"关系"一词含义非常丰富。从学术意义的角度来说，学者们多从社交的角度出发定义关系，认为关系是人与人之间通过交往或联系而形成的"心理联结"（包括认知和情感等）及相应的行为表现（乐国安等，2002），反映了人与人之间卷入和相互依赖的社会状态（Hofstede，Geert，2001）。Chen 和 Chen（2004）认为，关系是中国一种特殊的社会结构，是两个由隐性心理契约联系的个体之间的一种非正式的无形纽带，其目的是维持彼此的角色扮演和社会往来。在西方社会，人与人之间的关系具有理性、短暂性、非持续性等特征；在中国，关系具有情理性、稳定性、持续性的特点（周南、周元元、王殿文，2011）。

对人际关系进行分类并加以定义是关系研究的重要做法（Ho，1998），就此，很多学者都做出了努力，并给出了不同的关系类型划分结果。本研究对关系类型的划分采用的是学者 Clark 和 Mils（1993）的二分类法，即将关系类型划分成"共有（或亲密）关系"（communal relationships）及"交换关系"（exchange relationships）两类。前者指以发自内心的、真诚的照顾和关心对方为出发点，不求从对方获得对等的利益或回报的关系，如爱情、亲情及亲密朋友关系；后者指以获得对等的利益作为补偿或回报而进行交往的关系，如同事、合作伙伴或客户间的关系。我们认为，这两类关系是对所有关系类型划分方法的概括性总结，可以涵盖赠礼过程中赠礼者与收礼者之间的所有关系形式，简单直观，在具体的研究实施中也有较强的可操作性。

2. 相关研究

在关系的理论研究方面，庄贵军（2012）从关系状态、关系行为、关系规范和关系导向四个方面，较全面和系统地论述了关系在中国的文化内涵，并对关系与中国文化二者的联系进行了梳理，为更深入地探讨关系的商业功能打下了良好的理论基础。此外，越来越多的学者开始将关系理论发展到礼品品牌营销的研究层面，探究中国文化背景下的关系与礼品品牌营销二者间的相互影响机制。如王海忠、秦深等（2012）在明确了消费者自我监控对奢侈品品牌标识显著度和购买意愿关系的调节作用的基础之上，又进一步证实了在赠礼情景下，关系类型（共有关系和交换关系）对上述变量间的关系会产生进一步的显著调节效应。国外很多学者从关系亲密度出发，对赠礼行为进行了探讨，如 Wolfinbarger 和 Gilly（1996）从赠礼者角度出发，实证研究了关系亲密度和相似度对赠礼者礼品品牌形象一致性选择偏好的影响作用；Morgan 和 Susan（2011）也从赠礼者角度出发，证明了赠礼者在赠礼时对与其身份一致与否的产品选择偏好会受关系亲密度的调节作用，并进一步以身份威胁感知为中介变量对其中的作用机制进行了解释；Gabriele 等（2015）则从收礼者的角度出发，证明了收礼者对礼品满意与否仅与该礼品是否与赠礼者身份、形象一致有关，而不受关系亲密度的调节作用，无论什么情况下，收礼者都对与赠礼者身份、形象一致的礼品表现出更高的满意度。由此可见，国内学者对关系与赠礼行为和现象的研究成果比较少，结论也不统一，相关的研究留白有待补充。

7.2.3　自我建构

1. 概念

自我建构（self-construal）是一种认知结构，反映的是个体对自己及自己与他人的关系（联结或分离、相似或差异）是如何看待的（认识、态度、感觉）（Markus，Kitayama，1991）。心理学领域的研究发现，自我建构是导致个体认知、情感、动机和行为不同的重要内在因素（张喆、张知为，2013），对一个人的消费行为有重要的决定和导向作用（Aaker，Lee，2001；Lu，2005）。

2. 分类及特征

在自我建构的类型或维度划分上，学术界已达成共识，大多数相关研究都认同并采用了 Markus 和 Kitayama（1991）的划分方法，即将其分为"独立自我"（independent self）和"互依自我"（interdependent self）。前者指独立于社会环境的、有界限的、独立稳定的自我，即自主型自我；后者指依赖于社会环境的、灵活变化的自我，即关系型自我（姚卿、陈荣、赵平，2011）。不同自我建构的主体其思维方式、行为动机和模式有显著差异性（Nibsbett，2001）。

Markus 和 Kitayama（1991）指出，独立自我的人，其对自身行为的意义判断是以其自身内在的思想、能力、感情和行为为参照，其行为的改变是因自我的想法和意见，而非他人。互依自我的人则倾向于以社会关系中他人的想法、感情和行为来决定自己的态度和行为，他人、社会的需求对互依自我个体的需求会产生重要的参考和导向作用（邹璐、姜莉、张西超等，2014）。前者强调独特性和分离性；后者则注重与他人的联系和维持关系的和谐，愿意放弃自我内在特质和调整自身行为而适应集体（Corss et al.，2011）。前者在心理和行为上有"示差"倾向，而后者则是"示同"倾向。

独立自我的个体以自己的内在属性和特质进行自我定义，而互依自我的个体则倾向于以自己所扮演的外在角色、所处的地位和关系等来进行自我界定。对独立自我者而言,他人和情景起到的是通过比较进行自我确认的作用,而对互依自我者而言,他人和情景起到的是自我完整和自我定义的作用(张喆、张知为,2013)。

3. 相关研究

纵观相关研究发现,虽然自我建构在营销领域的研究不少,但将其与赠礼行为联系在一起,对消费者礼品品牌消费行为进行探讨的研究实在不多,尤其在当赠礼者面临礼品购买选择时是会坚持自我,还是放弃自己的品位去迎合收礼者的偏好这一问题上的研究十分罕见(Suri, Ripp & Stephen,2015)。张喆和张知为(2013)认为,对这一问题的解决取决于不同赠礼者的自我建构。他们就此研究了消费者自我建构对其赠送礼物时的奢侈品品牌标识显著度选择偏好的影响,结果发现,当赠礼者、收礼者时尚身份不一致时,互依自我建构发达的个体倾向于根据收礼者的时尚身份做出选择,表现出"投人所好"的礼品购买决策特点。由于相关的研究不是十分丰富,因此,从自我建构的角度对赠礼情景下的这一问题展开研究是十分有必要的。

7.2.4　品牌形象一致性

"品牌形象一致性"即"消费者自我—品牌形象一致性"(self-brand image congruence),指消费者对品牌所代表的形象、个性与自身形象、性格等的感知一致性和符合程度,是消费者对自我形象与产品形象、品牌形象或者公司形象符合或者不符合所做的感知和评价(Sirgy,1982)。

本部分研究的是赠礼情景下,赠礼者的礼品购买决策问题。在赠礼情景下,赠礼者购买礼品,不仅要考虑礼品品牌形象与自身形象的一致性,更要考虑品牌形象与收礼者形象的一致性问题。因此,在"消费者自我—品牌形象一致性"理论的基础上,结合赠礼领域相关的研究经验,同时考虑到本部分具体的研究需要,本部分将"品牌形象一致性"变量划分为"品牌形象—赠礼者一致"和"品牌形象—收礼者一致"两个维度,分别指赠礼者和收礼者的自我形象与品牌形象的契合度和一致性。

通过文献回顾可以发现,从赠/收礼者形象与品牌形象一致性的角度出发研究消费者的赠礼行为的文献不但数量不多,而且研究结论也不统一，且多以外国学者的研究为主，国内学者的类似研究少之又少。如 Park（1998）的研究结果表明，韩国人购买礼物时对于自身形象（赠礼者）与礼品品牌形象的一致与否抱着无所谓的态度。Green 和 Alden（1988）通过跨文化的比较研究则发现，美国人在选择礼品时更倾向于选择他们自己喜欢的，即与赠礼者形象一致。Finley 和 Cilly（1996）采用"角色扮演"的实验方式研究了情感亲密度、相似性、赠礼事件或时机及赠礼者的性别四个因素，对赠礼情景下消费者礼品选择行为的影响作用。他们认为，在购买礼品时，消费者对"品牌形象—赠礼者一致"和"品牌形象—收礼者一致"的礼品，在选择倾向上会受以上四个因素的影响。Belk 和 Coon（1993）认为，在情侣和夫妻之间，收礼者更希望收到与赠礼者形象一致的礼品。Mc Cracken（1989）指出，在关系复杂的社交圈子中，与收礼者形象一致的礼品购买行为占多数。Morgan 和 Susan（2011）对赠礼情景下消费者对于品牌形象一致性的选择问题进行了研究。研究结果表明，在赠礼情景下，消费者有可能会选择品牌形象与自身形象相悖，即品牌形象与收礼者形象一致的产品或品牌，以满足和迎合收礼者的需求和喜好。

7.3　研究框架与假设

7.3.1 关系类型和品牌形象一致性对购买意愿的交互影响作用

中国是一个关系型社会，关系在中国人的日常交往中起着非常微妙的重要作用（Zhuang，Xi & Tsang，2010），可以定义和影响一个人的行为（Morgan，Susan，2011）。中国的关系强调一个人在一个关系网络中的位置，主张针对不同的关系对象应采取不同的态度和行为（Zhuang，Zhou，2004）。Joy 和 Annamma（2001）发现，在给亲密程度不同的关系对象赠礼时，消费者的赠礼行为范式按照连续序列的方式呈现差异。蒋廉雄等（2007）也认为，在给关系类型不同的交往对象赠礼时，消费者的行为是有差异的。因此，他们对中国消费者的礼品购买决策风格进行了实证研究，并证明了关系类型对中国消费者的礼品购买决策风格有决定性的影响作用，不同的关系类型的确对消费者的礼品购买决策产生了不同的导向作用。该研究证实了关系类型是中国礼品市场重要的细分变量。何佳讯和卢泰宏（2007）也指出，消费者对品牌活动的反应会受到关系类型的调节作用。王海忠等（2012）对该论断进行了实证证明，其研究结果显示，关系类型对赠礼情景下的奢侈品品牌标识显著度与消费者品牌购买意愿的关系具有显著调节效应。综上，提出如下假设：

H1：关系类型与品牌形象一致性的交互作用影响消费者对礼品品牌的购买意愿。

本章采用 Clark 和 Mils（1993）对关系的分类方法，将关系类型划分为"共有关系"和"交换关系"两大类，前者指关系双方有深厚的感情基础，以发自内心地、真诚地照顾和关心对方为出发点，不求从对方获得对等的利益或回报的关系，可以理解为较亲近的关系；后者指关系双方感情基础薄弱，主要以获得对等的利益作为补偿或回报而进行交往的关系，可以理解为较疏远的关系。基于此，Finley 和 Cilly（1996）的研究结果证明，双方关系亲密程度越高，就越会促使赠礼者选择与自身形象一致的礼物。Aron 等（1991）也指出，当给关系亲近的对象赠礼时，赠礼者往往从自身的"口味"出发做选择。Bonney 等（2010）也认为，在给关系亲近的对象赠礼时，赠礼者更偏向于选择自己喜爱的产品或品牌做礼物，因为其更能体现赠礼者的真心实意和自我概念。与此同时，Morgan 和 Susan（2011）指出，在赠礼情景下，消费者也有可能会选择品牌形象与自身形象相悖，即品牌形象与收礼者形象一致的产品或品牌，以满足和迎合收礼者的需求和喜好。他们提出了这一观点，却没有对这种可能性做更深入的探讨。Francesca 和 Francis（2011）的研究弥补了这一空白，其研究表明，当赠礼者给关系较疏远的对象赠礼时，往往更倾向于遵从对方的"口味"和要求，表现出更多的收礼者形象一致性倾向。Mc Cracken（1989）的研究也证明，在关系较疏远的社交圈子中，与收礼者形象一致的礼品购买行为占多数。由此，在假设 H1 的基础上，进一步提出如下假设：

H1a：交换关系下的赠礼，相对于与赠礼者形象一致的礼品品牌而言，赠礼者对与收礼者形象一致的礼品品牌的购买意愿更高。

H1b：共有关系下的赠礼，相对于与收礼者形象一致的礼品品牌而言，赠礼者对与自身形象一致的礼品品牌的购买意愿更高。

7.3.2 自我建构和品牌形象一致性对购买意愿的交互影响作用

自我建构对一个人的消费行为有重要的决定和导向作用（Lu，2005），赠礼行为也不例外。独立自我的个体自我意识强，注重满足自我的想法和感受，在做决策时更关注的是让自己满意，对他人的需求和影响不敏感；而互依自我的个体对自我与他人的关系比较看重，重视从他人那里得到关于自身的积极评价，因此，在做行为决策时，会更多地考虑他人的感受和期望，对他人的想法和喜好有较高的敏感性（Singelis，1994），更愿意从他人的角度出发去思考问题，容易受他人影响，倾向于根据对他人需求的判断来调整自我的行为表现（Markus，Kitayama，1991）。Torelli（2006）的研究也表明，与独立自我者相比，互依自我者更愿意遵循他人的看法和社会规范，而独立自我者则注重差异并与他人保持距离，与他人之间只出现低水平的同化现象。

张喆和张知为（2013）的研究表明，当赠礼者、收礼者对品牌的偏好不一致时，赠礼者对礼品品牌的选择取决于他坚持自我的程度和顺从他人的程度，即赠礼者的自我建构起到显著的调节作用：相对于独立自我者而言，互依自我者会更关注他人的需求，喜欢察言观色并做出符合他人需求的购买行为，即选择符合收礼者偏好的品牌。Suri 等（2015）的研究也表明，独立自我者对能体现自我概念、强化自我形象的礼品品牌购买意愿较高；而互依自我者则会压抑自我的期望和需求，更加关注于满足他人或集体的利益而对上述礼品品牌的购买意愿较低。张源雄（2011）也指出，独立自我者赠礼时注重个体情感的表达，在礼物交换中往往更能反映出赠礼者的真实自我；而互依自我的身份与群体成员融合，在很大程度上被去个性化了，因此其赠礼行为更多地表现出他人取向性的特点。综上，提出如下假设：

H2：自我建构与品牌形象一致性的交互作用影响消费者对礼品品牌的购买意愿。

H2a：相对于与赠礼者形象一致的礼品品牌而言，互依自我者对与收礼者形象一致的礼品品牌购买意愿更高。

H2b：相对于与收礼者形象一致的礼品品牌而言，独立自我者对与赠礼者形象一致的礼品品牌购买意愿更高。

7.4　礼品品牌形象对购买意愿的影响

7.4.1　研究一：品牌形象一致性和关系类型的交互作用

1. 研究准备

（1）品牌形象一致性。

在赠礼情景下对品牌形象一致性的研究，由于涉及具体的赠礼情景和对象，因此学者们多采用的是操纵检验法，本研究亦是如此。在操纵材料的选择上，由于同时涉及礼品品牌与赠礼者、收礼者双方的一致性问题，综合考虑后，本研究借鉴了曹颖和符国群（2012）在研究中的方法和思路，用"使用者形象一致性"作为品牌形象一致性的操作代替，从"是否是该品牌的使用者"的角度出发区别赠礼者一致和收礼者一致（Escalas，Bettman，2005），是使用者即为一致，不是使用者即为不一致。从 Biel（1993）对品牌形象的维度划分可以看出，"使用者形象"是品牌形象的重要构成部分；同时，考虑到本研究聚焦于研究品牌消费者（即使用者）这一具体情况，因此，研究中以使用者形象作为品牌形象的操作代替是合理的。

在操纵检验量表的选择上，采用了 Gabriele 等（2015）在研究中使用的有 3 个测项的 9 点量表，同时参考了张喆和张知为（2013）、Gabriele 等（2015）在处理被试礼物选择倾向时的设计方法和思路，在测量量表中，分值越小，代表品牌形象与赠礼者一致；分值越大，代表品牌形象与收礼者一致。

（2）关系类型。

本研究对关系类型的划分拟采用 Clark 和 Mils（1993）的划分方法，即将关系类型分为"共有关系"和"交换关系"两大类。在本研究中，对赠礼者、收礼者间关系类型进行操纵所使用的具体情景材料，是在综合参考 Clark 和 Mils（1993）对两种关系类型的定义及举例，参考张闯等（2012）、Zhuang 等（2010）对关系构成维度的划分，以及参考董维维和庄贵军（2013）的私人关系质量量表的基础上，对 Aggarwal（2004）、Wan 等（2011）、Francesca 和 Francis（2011）、王海忠等（2012）在研究中所用的材料改编得到的。

对中国人来说，最重要、最亲密的群体和他人，非亲人莫属（Li et al.，2006）；接下来就是亲密的朋友，朋友关系的重要性仅次于亲人（王长征、周学春、黄敏学，2012）；最后是职场同事（Li et al.，2006）。鉴于此，同时根据 Clark 和 Mils（1993）对两种关系类型的定义及举例，本研究决定与以往学者一样，通过直接给定关系类型中典型对象的方式直接对关系类型加以区分，以关系亲密的"兄弟、闺蜜"作为共有关系的代表，以关系一般的"同事、客户"作为交换关系的代表。

在对关系类型的操纵检验上，拟使用"关系亲密度"指标来测量被试对交换关系和共有关系两种关系类型的理解和感知是否准确。具体来说，借鉴学者 Aron 和 Smollan（1992）以及 Morgan 和 Susan（2011）等在其研究中使用的方法，让被试直接对其与收礼者间的关系亲密度进行评价，"1"表示非常不亲密，"7"表示非常亲密。

（3）购买意愿。

对"购买意愿"的测量使用的是 Dodds 等（1991）在其研究中使用的李克特7点量表。在延续使用7点（让被试根据真实情况的符合程度对题项进行打分："1"——非常不符合，"4"——中立，"7"——非常符合）的同时，根据本研究具体的研究目的，对原量表的相关表达做了微调，对相关测项做了删选，最终采用的量表有4个测项。

2. 研究设计和步骤

采用2（品牌形象一致性：赠礼者一致、收礼者一致）×2（关系类型：共有关系、交换关系）的组间设计。由于关系类型的操纵采用的是"对象回忆法"，其操纵结果对环境的要求不高，因此采取网上发放问卷（http://www.wenjuan.com）的形式，调查结束后给每名被试发放10元人民币作为奖励。

步骤如下：第一步，填写四项个人基本信息，包括性别、年龄、学历和职业。第二步，阅读共有关系或交换关系的介绍材料，根据材料回想符合条件的对象。为了使被试在接下来的环节中有真实的参照对象，还要求被试将关系对象的姓氏和性别填写出来，接着让被试对关系对象的关系亲密度进行评价。第三步，阅读赠礼情景的介绍材料和品牌形象一致性的操纵材料，并对品牌形象一致性进行评价。第四步，填写购买意愿。

3. 数据处理

（1）描述统计分析。

研究一共发放问卷 170 份，剔除不合格问卷 9 份，得到 161 份有效问卷，问卷有效回收率为 94.7%。被试以男性居多，年龄主要分布在 24 ~ 41 岁，学历以本科为主，已工作人士占多数，样本总体分布情况尚可接受。具体数据如表 7 - 1 所示。

表 7 - 1　研究一描述统计分析结果

样本特征	频数	百分比（%）
性别		
男	101	62.7
女	60	37.3
年龄		
18 ~ 23 岁	5	3.1
24 ~ 29 岁	33	20.5
30 ~ 35 岁	57	35.4
36 ~ 41 岁	43	26.7
42 ~ 47 岁	13	8.1
48 岁及以上	10	6.2
学历		
大专及以下	15	9.3
本科	125	77.6
硕士及以上	21	13.0
职业		
学生	25	15.5
已工作人士	126	78.3
自由职业者	10	6.2

（2）信效度分析。

由表 7 - 2 的分析结果可见，品牌形象一致性和购买意愿的 Cronbach's α 系数分别为 0.938 和 0.915，二者均大于 0.9，各题项的 CITC 值也均大于 0.7，量表信度良好。

品牌形象一致性量表的 KMO 值为 0.755，Bartlett 的球形检验指标值为

426.182，$p = 0.000 < 0.001$；只提取了一个因子，累计方差贡献率为 88.917%。购买意愿量表的 KMO 值为 0.848，Bartlett 的球形检验指标值为 442.416，$p = 0.000 < 0.001$；只提取了一个因子，累计方差贡献率为 79.632%。二者的效度亦达到要求。

表 7 - 2　品牌形象一致性和购买意愿的信度分析结果

变量	题项代码	初始 $CITC$	Cronbach's α
品牌形象一致性	Q8_1	0.897	0.938
	Q8_2	0.836	
	Q8_3	0.880	
购买意愿	Q9_1	0.838	0.915
	Q9_2	0.815	
	Q9_3	0.793	
	Q9_4	0.774	

（3）操纵检验。

通过关系亲密度指标得分对关系类型进行操纵检验的数据处理结果表明，共有关系组在关系亲密度上的得分（M 共有 = 5.31）显著高于交换关系组的得分（M 交换 = 4.79，$t = 2.411$，$p = 0.017 < 0.05$），关系类型分组操纵成功。赠礼者一致组在品牌形象一致性上的得分（M 赠礼者一致 = 2.42）显著低于收礼者一致组的得分（M 收礼者一致 = 6.58，$t = -18.133$，$p = 0.000 < 0.001$），说明对品牌形象一致性的操纵也是成功的。

（4）假设检验。

采用多因素方差分析法检验品牌形象一致性和关系类型对购买意愿的交互作用。首先对方差齐性进行检验，结果显示各组的方差差异不显著（$F = 0.743$，$p = 0.528 > 0.05$），方差具有齐性，可以进行交互效应检验，检验结果如表 7 - 3 所示：关系类型与品牌形象一致性对购买意愿的主效应均不显著（F 关系类型 = 0.076，p 关系类型 = 0.783 > 0.05；F 品牌形象一致性 = 2.678，p 品牌形象一致性 = 0.104 > 0.05），但关系类型和品牌形象一致性对购买意愿的交互效应十分显著（$F = 96.525$，$p = 0.000 < 0.001$），假设 H1 得证。

表7-3 品牌形象一致性与关系类型方差分析结果

因变量：购买意愿				
源	Ⅲ型平方和	df	均方	F	p
关系类型	0.105	1	0.105	0.076	0.783
品牌形象一致性	3.682	1	3.682	2.678	0.104
关系类型 * 品牌形象一致性	132.684	1	132.684	96.525	0.000
误差	215.813	157	1.375		
总计	3 339.063	161			

在二者交互效应显著的基础上，还需进行进一步的简单效应分析，以检验各组均值的差异是否显著。分析结果（见表7-4）表明：当给共有关系对象赠礼时，被试对与赠礼者形象一致的礼品品牌的购买意愿（M赠礼者一致 = 5.25）显著高于其对与收礼者形象一致的礼品品牌的购买意愿（M收礼者一致 = 2.97，F = 63.608，p = 0.000 < 0.001）；当给交换关系对象赠礼时，被试对与收礼者形象一致的礼品品牌的购买意愿（M收礼者一致 = 4.87）显著高于其对与赠礼者形象一致的礼品品牌的购买意愿（M赠礼者一致 = 3.24，F = 35.220，p = 0.000 < 0.001）。为了直观表现各组均值差异的显著性，绘成图7-1。以上分析结果说明，当给共有关系对象赠礼时，消费者更倾向购买与自身（即赠礼者）形象一致的礼品品牌，而当给交换关系对象赠礼时，消费者更倾向购买与对方（即收礼者）形象一致的礼品品牌，假设 H1a、H1b 得证。

表7-4 品牌形象一致性与关系类型均值表

关系类型	品牌形象一致性	购买意愿 M（$S.D$）
共有关系	赠礼者一致	5.25（1.29）
	收礼者一致	2.97（1.22）
交换关系	赠礼者一致	3.24（1.28）
	收礼者一致	4.87（1.02）

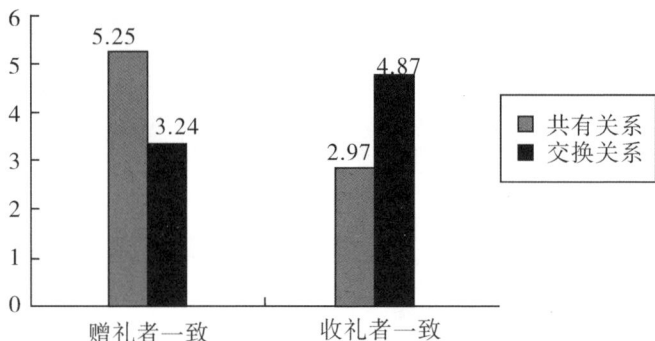

图 7 - 1   品牌形象一致性与关系类型均值图

7.4.2   研究二：品牌形象一致性和自我建构的交互作用

1. 研究准备

在研究二中，对品牌形象一致性和购买意愿两个变量的处理沿用研究一中所用的方法和工具，因此，这里将只对自我建构的处理情况进行说明。

对自我建构的处理采用操纵检验的方法：操纵采用圈人称代词法。所用材料是在 Brewer 和 Gardner（1996）研究的基础上，又参考中国学者的相关研究后改编得到的两段旅行游记，二者只有人称代词上的差别，"我"或者"我们"，每段材料各有 21 个人称代词。操纵效果的检验则借鉴柴俊武等（2011）的方法，使用的是 Aaker 和 Lee（2001）的 6 个测项的 7 点量表，前 3 个测项用于测量聚焦自我的程度，后 3 个测项用于测量聚焦朋友（他人）的程度。

2. 研究设计和步骤

采用 2（品牌形象一致性：赠礼者一致、收礼者一致）×2（自我建构：独立自我、互依自我）的组间设计。由于自我建构属心理学领域的变量，其操纵结果要达到有效，对环境的要求是比较高的。考虑到图书馆环境安静且有个人空间，被试填写问卷时不会互相影响，且有学习氛围，被试填写时会相对更加认真，可以较大限度地保证操纵结果的有效性和持久性，因此，本研究主要在暨南大学图书馆展开。

步骤如下：第一步，先将调研背景向被试进行简单讲解，解答被试疑问后，将其随机分到 4 组中的一组，并要求被试独立、不中断、无交谈地认真阅读材料和填写问卷；第二步，填写性别、年龄、学历和职业4项个人基本信息；第三步，阅读独立自我或互依自我的操纵材料，要求被试圈出材料中所有的人称代词，接着填写自我建构的操纵检验量表；第四步，阅读赠礼情景的介绍材料和品牌形象一致性的操纵材料，并对品牌形象一致性进行评价；第五步，填写购买意愿。

3．数据处理

（1）描述统计分析。

研究二共发放问卷148份，剔除不合格问卷10份，得到138份有效问卷，问卷有效回收率为93.2%。被试在性别上分布基本均匀，年龄主要分布在18～29岁，学历以本科为主，样本总体分布情况尚可以接受。具体数据如表7-5所示。

表7-5 研究二描述统计分析结果

样本特征	频数	百分比（%）
性别		
男	60	43.5
女	78	56.5
年龄		
18～23岁	94	68.1
24～29岁	42	30.4
30～35岁	2	1.4
学历		
大专及以下	4	2.9
本科	93	67.4
硕士及以上	41	29.7
职业		
学生	133	96.4
已工作人士	5	3.6

（2）信效度分析。

由表7-6的分析结果可见，品牌形象一致性量表及自我建构两个分量表的 Cronbach's α 系数分别为 0.953、0.941 和 0.913，均大于 0.9；购买意愿量表的 Cronbach's α 系数为 0.896 > 0.8；同时，以上三个变量各测项的 $CITC$ 值也均大于 0.7，量表信度良好。

自我建构量表的 KMO 值为 0.787，Bartlett 的球形检验指标值为 708.515，$p = 0.000 < 0.001$；提取了 2 个因子，累计方差贡献率为 87.719%。品牌形象一致性量表的 KMO 值为 0.739，Bartlett 的球形检验指标值为 446.636，$p = 0.000 < 0.001$；只提取了 1 个因子，累计方差贡献率为 91.623%。购买意愿量表的 KMO 值为 0.817，Bartlett 的球形检验指标值为 329.875，$p = 0.000 < 0.001$；只提取了 1 个因子，累计方差贡献率为 76.314%。以上三个变量的效度均达到要求，可进行下一步的数据分析。

表 7-6 品牌形象一致性与自我建构、购买意愿的信度分析结果

变量		题项代码	初始 $CITC$	Cronbach's α
自我建构	独立自我	Q1	0.866	0.941
		Q2	0.889	
		Q3	0.876	
	互依自我	Q4	0.780	0.913
		Q5	0.877	
		Q6	0.817	
购买意愿		G1	0.767	0.896
		G2	0.779	
		G3	0.797	
		G4	0.737	
品牌形象一致性		P1	0.883	0.953
		P2	0.940	
		P3	0.886	

（3）操纵检验。

对自我建构进行操纵检验的数据处理结果表明，独立自我组的被试聚焦自我的程度（M 自我 = 4.66）显著高于其聚焦他人的程度（M 他人 = 2.93，$t = 6.825$，$p = 0.000 < 0.001$）；互依自我组的被试聚焦自我的程度

（M 自我 = 2.90）显著低于其聚焦他人的程度（M 他人 = 4.34，t = -6.265，p = 0.000 < 0.001），说明自我建构分组操纵成功。

赠礼者一致组在品牌形象一致性上的得分（M 赠礼者一致 = 2.24）显著低于收礼者一致组的得分（M 收礼者一致 = 7.54，t = -19.532，p = 0.000 < 0.001），说明对品牌形象一致性的操纵也是成功的。

（4）假设检验。

采用多因素方差分析法检验自我建构和品牌形象一致性对购买意愿的交互作用。方差齐性检验结果显示，各组方差之间并不存在显著差异（F = 1.188，p = 0.317 > 0.05），方差具有齐性，可以进行交互效应检验，检验结果如表 7 – 7 所示：品牌形象一致性与自我建构的主效应均不显著（F 品牌形象一致性 = 0.102，p 品牌形象一致性 = 0.750 > 0.05；F 自我建构 = 0.477，p 自我建构 = 0.491 > 0.05），自我建构和品牌形象一致性对购买意愿的交互效应十分显著（F = 22.412，p = 0.000 < 0.001），假设 H2 得证。

表 7 – 7　品牌形象一致性与自我建构方差分析结果

因变量：购买意愿				
源	Ⅲ型平方和	df	均方	F	p
自我建构	0.707	1	0.707	0.477	0.491
品牌形象一致性	0.152	1	0.152	0.102	0.750
自我建构 * 品牌形象一致性	33.265	1	33.265	22.412	0.000
误差	198.889	134	1.484		
总计	2 651.938	138			

同样，在二者交互效应显著的基础上，还需进行进一步的简单效应分析，以检验各组均值的差异是否显著。分析结果（见表 7 – 8）表明：对独立自我的被试而言，其对与赠礼者形象一致的礼品品牌的购买意愿（M 赠礼者一致 = 4.64）显著高于其对与收礼者形象一致的礼品品牌的购买意愿（M 收礼者一致 = 3.59，F = 18.409，p = 0.000 < 0.001）；对互依自我的被试而言，其对与收礼者形象一致的礼品品牌的购买意愿（M 收礼者一

致 = 4.71）显著高于其对与赠礼者形象一致的礼品品牌的购买意愿（M 赠礼者一致 = 3.80，F = 7.181，p = 0.009 < 0.05）。为了直观表现各组均值差异的显著性，绘成均值图 7 - 2。由以上数据分析可知，选择礼品时，独立自我的赠礼者更倾向于购买与自身（即赠礼者）形象一致的礼品品牌，而互依自我的赠礼者更倾向于选择与对方（即收礼者）形象一致的礼品品牌。所以，假设 H2a 和 H2b 亦得证。

至此，假设检验完毕，所有假设均得到验证。

表 7 - 8　品牌形象一致性与自我建构均值表

自我建构	品牌形象一致性	购买意愿 M（$S.D$）
独立自我	赠礼者一致	4.64（0.76）
	收礼者一致	3.59（1.27）
互依自我	赠礼者一致	3.80（1.28）
	收礼者一致	4.71（1.49）

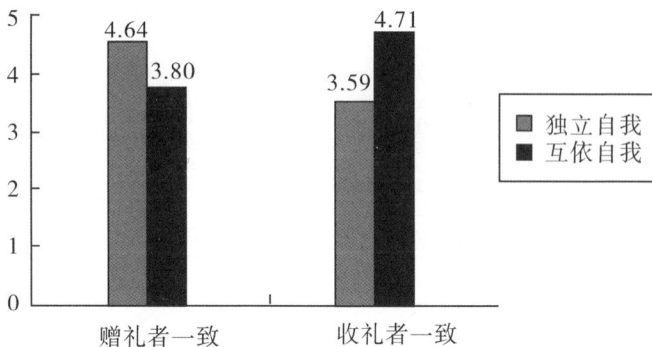

图 7 - 2　品牌形象一致性与自我建构均值图

7.5　结论与管理建议

7.5.1　研究结论

本研究将关系类型和自我建构纳入中国消费者赠礼行为的研究模型当

中，对中国消费者的礼品品牌形象一致性购买选择偏好问题及其内、外部作用机制进行了探讨，主要得到以下结论：

关系类型和品牌形象一致性的交互作用显著影响消费者的礼品品牌购买意愿：当给共有关系的对象赠礼时，赠礼者倾向于选择与自身（即赠礼者）形象一致的礼品品牌，表现出"赠我所爱"的行为特点；而当给交换关系的对象赠礼时，赠礼者则更倾向于选择与收礼者形象一致的礼品品牌，表现出"投人所好"的行为特点。

自我建构和品牌形象一致性的交互作用显著影响消费者的礼品品牌购买意愿：互依自我者更倾向于选择与收礼者形象一致的礼品品牌，表现出"投人所好"的行为特点；独立自我者则更倾向于选择与自身（即赠礼者）形象一致的礼品品牌，表现出"赠我所爱"的行为特点。

7.5.2 营销启示

1. 新的礼品市场细分标准——关系类型

本研究的研究结果表明，对关系类型不同的赠礼对象，消费者对品牌形象一致性的要求是不同的。因此，礼品行业的相关企业可以从关系类型的角度出发对市场进行细分，然后选择自己的目标市场，明确自己的产品和品牌面向哪类关系对象，从而在品牌形象的塑造与包装、品牌定位、广告内容的设计与宣传形式、产品定价等方面做到有的放矢，迎合消费者给关系类型不同的对象赠礼时不同的心理活动、目的和动机，实施差异化的营销战略，让消费者在有赠礼需要的时候第一时间想到你的产品，实现营销沟通的排他性和标的性。

比如，若要满足消费者向亲人、闺蜜、好朋友等共有关系类型的对象赠礼时，品牌形象的塑造和包装、品牌定位等方面的着眼点应立足于赠礼者，与赠礼者一致，并通过广告将这种一致性传递给目标顾客群；若要满足消费者向同事、领导、客户等交换关系类型的对象赠礼时，品牌形象的塑造和包装、品牌定位等方面的着眼点则应立足于收礼者，强调和突出自身的品牌形象与收礼者的形象、地位、个性等的一致性，以激发赠礼者的购买意愿。

2. 将品牌形象一致性定位与自我建构结合起来

既然被试的自我建构可以通过情景刺激的方式来启动，且独立自我者对与赠礼者形象一致性的礼品品牌购买意愿更高，而互依自我者对与收礼者形象一致性的礼品品牌购买意愿更高，那么礼品品牌在确定自身品牌形象定位的基础上，刺激目标消费者启动相应的自我建构类型，获得其关注与青睐，便可以有效提高市场份额。

具体来说，若品牌形象包装和定位为与赠礼者形象一致，立足赠礼者本身，那么在接下来的广告刺激材料和宣传思想的选择上，则应突出独立、独特、自由、自我表达、自我价值的实现和成就的达成等可以激活目标消费者独立自我建构的信息，多强调和突出"我"或"我的"；若品牌形象包装和定位为与收礼者形象一致，立足于收礼者的感受、形象、地位等，那么在接下来的广告刺激材料和宣传思想的选择上，则应强调"相同"，塑造关系亲密、共同经历、和谐融洽等可以激活目标消费者独立自我建构的信息和联想，多涉及他人或集体，如家人、好朋友及相应的社交圈子等，强调和突出"我们"或"我们的"。

7.5.3　不足与局限

1. 样本的分布结构方面

由于研究一的数据经由网上收集，而研究二则经由学校图书馆实地收集，可能导致样本特征分布的差异性较大；研究二中，18～29 岁、具有本科学历的学生样本居多，这可能在一定程度上导致研究结论对于全体消费者而言不具有足够的代表性。同时，由于时间和经济成本等客观条件的限制，在样本分布的地域选择上也存在一定的局限性。这些都有待于在以后的研究中加以注意和避免。

2. 关系类型和品牌形象一致性的操纵及检验方面

首先，在关系类型的操纵及检验方面，由于直接相关的研究的具体情景与本研究差异较大，所以无法直接借鉴，虽然在处理的时候综合参考了众多学者的权威研究，但由于个人水平的限制，可能仍然存在值得商榷的地方。其次，在品牌形象一致性的操纵及检验方面，由于国内外直接相关的研究很少，且国外学者往往是从身份一致与否的角度展开研究，因此，虽然在前期认真地搜寻和参考了发表在权威期刊上的学者们的研究，但在对赠礼者一致及收礼者一致的界定和材料编撰上仍不可避免地存在不足之处，值得再加以思考和完善。

7.5.4　研究展望

1. 关系类型划分的再探讨

关系是一个复杂的变量，本研究采用了较理想化的二维分类方法，但通过这一纯粹的分类方法划分得到的两类关系，在现实生活中并没有严格意义上的存在。因此，如何对关系类型进行更科学和严谨的划类和区分，从而使其更具有实践操作上的指导意义，还需进一步进行研究和推敲。

2. 对收礼者还礼行为的研究

本研究是从赠礼者的视角出发，研究消费者在特定情景和事件的时间点上的赠礼行为及相关的影响因素。以后的研究可以借鉴相关学者们的视角（Karl，Marina & Solas，2005；Francesca，Francis，2011；周南、周元元、王殿文，2011；Gabriele，Straetera & Hooge，2015），从收礼者的角度出发，对收礼者的还礼行为进行研究。

3. 对消费者自我赠礼行为的研究

随着生活水平的提高和消费观念的改变，自我赠礼现象已不在少数。不管因为实现目标而给自己犒赏和奖励，还是因为伤心、沮丧和失望或感到有压力而给自己安慰和纾解（Harris，2004），抑或是为了炫耀、表现、虚荣和面子（Tynan，Caroline & Teresa，2010），这些都是我们在日常生活中经常发生的自我赠礼的情景，相信每个人都有类似的经历。同时，"你值得拥有""宠爱自己，从星巴克早餐开始"等品牌宣传语也表明，鼓励消费者自我赠礼在营销实务中已引起重视，成为品牌营销新的渠道和卖点。因此，对目标消费群体在特定情景下自我赠礼的动机、心理和影响因素等进行研究，为品牌营销策略的制定，为建立和维持企业和品牌的竞争优势无疑有着重要的现实意义。

8 员工沟通行为与品牌个性的匹配性对顾客品牌态度的影响

8.1 问题的提出

员工在服务接触过程中都是代表企业的营销人员。在顾客服务质量的感知上，相比于"硬件"因素，如设施、环境等，顾客与一线员工的人际互动显得更为重要（Aguirre-Rodriguez，2013）。顾客往往通过员工的表现力、礼仪规范、对顾客的关心程度，甚至是员工的外貌体态来评判服务质量的高低（Chandon，1997）。服务接触的任何一个接触点都会影响顾客的满意程度，因此被定义为重要时刻或者真实瞬间（Carlzon，1987）。对于顾客而言，与员工的首次服务接触是形成第一印象的重要时刻，而这第一印象往往又是评价企业整体服务的衡量标准，影响顾客的满意程度和重购意愿等；对于企业而言，与顾客的每次有效服务接触都是提升顾客正面服务感知的关键时刻（Zeithmal et al.，2013）。

然而目前关于在服务接触过程中，员工行为会直接影响顾客感知和态度以及员工行为与品牌的匹配性对顾客影响这方面的研究却很少，也鲜有代表性的研究成果，国内学者在此方面的实证研究更是处于初级阶段。因此对服务接触过程中，员工行为与品牌的匹配性如何影响顾客的品牌态度、品牌信任和品牌忠诚等进行实证检验具有重要的现实和理论意义。

基于以上现实和理论两方面的需求，本研究拟研究员工沟通行为与品牌个性的匹配性对顾客品牌态度的影响，并探讨上述关系的影响机制，以及考察何种情况下员工沟通行为与品牌个性的匹配性对顾客品牌态度的影响会最大。

8.2 文献回顾

8.2.1 员工沟通行为

语言是传递信息、表达情感的基本符号，在人际互动过程中具有十分重要的作用。根据在交际互动中所运用的信息模式，沟通分成语言沟通与非语言沟通两种形式（Sommerville，1982）。其中语言沟通主要运用于推销产品或服务、说服购买、处理投诉等方面，优点是精确、高效和即时；但错误的表达会使顾客产生误会，降低品牌信任等（Worthington，Michael & Robert，2000）。

相比于语言沟通，非语言沟通更能传递出真实而充分的情感（Stiff，James，Steve et al.，1994），其表达更容易获取别人的信赖（Burgoon，David & Woodall，1996）。依据信息形成的途径，非语言沟通被分成神情体态、接触行为、辅助语言、声音表情、举止、外貌着装等（Sarah，Arthur，1992）；而在服务接触过程中，员工主要通过辅助语言、体态举止、表情着装来与顾客进行非语言沟通；员工和顾客可以通过非语言沟通来获取各自需求的信息（Sundaram，Webster，2000；金立印，2008）。所以，友好的非语言沟通能够拉进员工与顾客之间的距离，使彼此更加真诚，从而达成信任（Burgoon，David & Woodall，1996）。Sundaram 和 Webster（2000）在研究中强调，员工说话的节奏、声音的大小、倾听的时间等都属于辅助语言的范畴，与语言相辅相成，并在服务接触中能够促进语言的说服力。有研究还指出，员工的衣着服饰、面部表情以及外貌对顾客品牌态度具有显著的影响；员工的神态举止能够拉近与顾客的距离，进而使顾客对产品产生好感（Sundaram，Webster，2000；金立印，2008）。

因此，在服务接触过程中，员工应以满足顾客的需求为中心，积极主动创造和谐的购物环境，说服顾客进行购买（金立印，2008）。在服务接触中，员工的语言沟通和非语言沟通对顾客影响很大，但是鲜有文献提出员工沟通行为与品牌之间的关系如何影响顾客的品牌态度，本研究将尝试完善这一方面的研究。

8.2.2　品牌个性

1. 品牌个性的定义

品牌在很大程度上和人一样，具有独特的个性，但其产生形式又与人的个性不同。以往的研究还没有给出品牌个性权威统一的定义，国内外学者从不同的角度诠释了品牌个性的内涵。

首先，从品牌个性来源的视角，有国外学者认为品牌个性来源于顾客的品牌感知（Keller，1993）；国内学者何佳讯（2000）总结出了与产品有关和与产品无关两个来源因素，其中产品的价格、包装、分类等属于与产品有关的因素，而企业的广告、公关等属于与产品无关的因素；也有学者认为品牌个性来源于企业的品牌定位（卢泰宏、邝丹妮，1998）。其次，从品牌个性的特征视角，品牌个性具有人格特征（Blackston，1995）；品牌个性是指被人类的个性特征所吸引的一个品牌特质的组合体（科特勒，2009），具有变化的特征（Macrcae，1996）；品牌个性展现的是品牌外露的部分（Upshaw，1995）。再次，从品牌个性的功能视角，品牌个性具有表达自我和情感的功能（Keller，Donald，2006）；Upshaw（1995）认为品牌个性能够有效连接品牌和顾客，是情感交流的纽带。最后，从品牌个性的关联视角，Aaker（1997）提出，品牌个性是与品牌相关者相互联系的人群特性集合，在品牌建设过程中被赋予气质与特征，例如企业、员工或者品牌使用者，他们会在品牌接触过程中将自身的个性气质转移到品牌的个性上。

综合国内外学者对品牌个性的相关研究，本研究是基于 Aaker（1997）对品牌个性的定义，即品牌个性是与品牌相关者相互联系的人群特性集合，在品牌建设过程中被赋予气质与特征。品牌个性一般会以人性化的特征展现，源自于企业对品牌本身的定位。

2. 品牌个性的维度和测量

"大五"人格模型是比较典型的关于品牌个性维度的探究，共有五个内容，字母缩写为 OCEAN：O 是创新与率真，C 是节制与公平，E 是热心与快活，A 是快乐与号召力，N 是敏感与悲观。Aaker 等（1997）从"大五"人格模型中开发出了关于品牌个性的测量量表（BDS），共有精致、粗犷、刺激、真诚和能力五个维度，并被广泛地应用于与品牌个性相关的研究中，并得到了可靠性的验证，中国学者也对此量表进行了验证和修正。此外，基于中国的背景，有学者对品牌个性维度进行了中国本土化的定义，分别为"仁、智、勇、乐、雅"（黄胜兵、卢泰宏，2003）。

本研究的品牌个性测量量表将引用 Aaker 等（1997）的研究成果。

根据员工沟通行为与品牌个性的文献梳理可知，尽管员工沟通行为和品牌个性各自对顾客品牌态度影响的相关成果在逐渐丰富，但是两者的交互作用对顾客品牌态度的影响这方面的研究却甚少，也没有具有代表性的研究成果，国内学者在此方面的实证研究更是处于初级阶段。因此，本研究旨在补充和完善这一研究领域的内容。

8.2.3　信息处理流畅性

信息处理流畅性的定义为：在处理客体信息的过程中，个体主观感知到的难易程度（Novemsky，Nathan & Ravi，2007；Shen，Jiang & Adaval，2010）。感知流畅性与概念流畅性是信息处理流畅性的两个分类（Reber，Rolf，Norbert et al.，2004；Lee，Labroo，2004）。其中，感知流畅性代表个体根据关注目标的大小、形态、颜色等物理特征来辨认目标的难易程度；而概念流畅性是基于语义的，运用语义分析来辨认目标的难易程度（Lanska，Olds & Westerman，2014）。

通过梳理现有文献可知，很多学者也关注到了概念流畅性。个体往往会通过事物获取的难易程度来进行评判，当人脑能够快速获取刺激目标时，就认定概念具有流畅性的特征（Nancy，Mary，Stephen et al.，2013）。

Lee（2002）在研究中指出，概念流畅性的信息处理方式不同于感知流畅性。其中，当客体展露时，个体的信息处理细致程度不会影响感知流畅性，但会影响概念流畅性；Lanska 等（2014）在研究中指出，目标刺激物的大小、形态、颜色等物理特征影响感知流畅性，却对概念流畅性不起作用。在顾客行为的探索中，Lee（2002）的研究指出，脑海中易被获取的品牌记忆能够在概念流畅性的帮助下，快速进入考虑集；Winkielman 等（2003）在研究中指出，和感知流畅性原理相近，概念流畅性同样会使个体产生积极的态度。此外，还有研究验证了概念流畅性能够促进顾客对相关品牌的整体评价（Nancy，Mary，Stephen et al.，2013），当刺激目标在记忆中处在激活状态时更容易被提取。

在对现有文献进行归纳总结中发现，关于信息处理流畅性的研究主要是关注感知流畅性，而关于概念流畅性对个体判断或态度影响的研究较少。在本研究中，由于员工沟通行为与品牌个性之间的关系是基于语义而非物理特征的，因此我们将关注员工沟通行为与品牌个性的匹配性对概念流畅性的影响。

8.2.4　产品涉入度

1. 产品涉入度的定义

虽然关于涉入度的研究已经有近 70 年，但国内外学者并没有统一明确的定义。Sherif 和 Cantril 于 1947 年率先引出自我涉入的概念。有研究提出自我涉入是一种由感知到的关联程度以及关键性而激发出的心理状态（Sherif，Hovland，1961）。Krugman 在 1965 年最先将涉入的概念引入消费者行为领域中，从此涉入在顾客行为中被广泛传播。Zaichkowsky（1985）在研究中指出，个人的价值观、兴趣水平等都和涉入度密切相关。根据涉入对象的差异和顾客购买行为的涉入形态，将涉入度分为产品涉入、广告涉入以及购买决策涉入。其中，产品涉入对顾客的购买行为起到了关键的作用，顾客自身特质和产品属性的交互作用也影响着产品涉入。该研究还强调，顾客对于不同涉入度的产品态度差异非常明显，基于产品的重要性、关联性、顾客付出的努力程度以及可能遇到的风险差别，产品涉入度可分为高涉入度与低涉入度两类。其中，高涉入度在购买决策中搜集较多的产品资料，投入较多的精力。Hawkins（1998）提出，相比于低涉入度的产品，顾客在购买高涉入度的产品时，愿意花更多的时间、心思和精力去搜寻与产品直接相关的信息，从而影响顾客的信息处理过程、转变品牌态度以及影响顾客的购买决策行为。在选购高涉入度的产品过程中，顾客会付出很多精力和时间去收集与品牌或产品属性相关的信息，同时认真地与备选的相似产品进行对比，整个决策购买的过程是十分烦琐的。然而如果选择购买的是低涉入度的产品，顾客的购买决策行为就简单了很多，可能会冲动性购买，并且很容易受到外界环境的影响，比如卖场氛围、设施、选址、员工等因素，都会影响顾客的购买决策行为。

根据不同学者对于产品涉入度的定义可以看出，产品涉入度是顾客对于产品产生兴趣的程度，通过顾客的内心变化进而带动外部行为的表现。从本质上来看，顾客的产品涉入度是指顾客对于产品购买决策的关心程度。顾客对于高涉入度和低涉入度的产品和服务所投入的精力和时间有很大差别（林灵宏，1993）。

2. 产品涉入度的测量

Zaichkowsky 的 PⅡ量表充分考虑了人为因素、客观环境及消费情景的差异性，运用形容词和语义差异法进行设计，被后来的学者广泛运用于产品涉入度的测量中。因此，本研究的产品涉入度测量量表也将引用 Zaich-kowsky（1985）的研究成果。

8.3　研究框架与假设

8.3.1　研究思路

本研究拟探讨员工沟通行为与品牌个性的匹配性对顾客品牌态度的影响作用，并讨论信息处理流畅性对上述关系的中介作用，以及产品涉入度对上述关系的调节作用。本研究将分成三个实验讨论上述问题。实验一和实验二研究的是员工沟通行为与品牌个性的匹配性对顾客品牌态度的影响机制。实验三研究的是产品涉入度如何调节员工沟通行为及品牌个性的匹配性和顾客品牌态度之间的关系。

8.3.2　员工沟通行为与品牌个性的匹配性对顾客品牌态度的影响

心理上的语境一致性使个体能够进行高层次的心理活动，并且准确地识别外在刺激的意义及其在语义上的知识结构（Schwarz，Clore，2003；Whittlesea，1993）。高度一致的刺激更容易被个体消化和理解，这使得概念的传递更具流畅性和针对性（Lee，Angela & Labroo，2004；Reber，Rolf，Norbert et al.，2004）。员工沟通行为与品牌个性相一致，能够战略地联系起员工和客户对品牌的知识结构，这个过程会增加与品牌相关的客户体验（Nancy，Mary，Stephen et al.，2013）。如果员工沟通行为与品牌个性不一致，传递出的冲突信息会导致顾客对品牌理解的困惑和整体上缺乏信任（Miles，Mangold，2004）。在一线员工与顾客的初次服务接触中，员工沟通行为与品牌定位的一致性程度越高，对基于顾客的品牌资产越有正向作用。因此，充分利用员工沟通行为来进行品牌资产的建设具有重要意义（Nancy, Mary, Stephen et al. , 2013）。

因此我们认为，当员工沟通行为与品牌个性相匹配时，顾客心理上的语境一致性将使其更容易对品牌产生统一的整体印象，会增加品牌相关的客户体验，这个过程有利于顾客对品牌产生更积极的态度。由此，本研究得出以下假设：

H1：员工沟通行为与品牌个性的匹配性会正向影响顾客品牌态度。

8.3.3 员工沟通行为与品牌个性的匹配性对信息处理流畅性的影响

在本研究中，由于员工沟通行为与品牌个性之间的关系是根据语义的，而非根据物理特征的，因此我们将关注员工沟通行为与品牌个性的匹配性对概念流畅性的影响。

概念流畅性的定义是：顾客处理和理解如品牌内涵等信息的难易程度（Nancy, Mary, Stephen et al. , 2013）。基于语义处理的扩散激活理论，各种概念被个体根据语义类似度构成一个语义网络，并将其储备在记忆里。也就是说，每一条概念都是这个网络中的某一节点。而概念间的语义类似度决定了节点之间的联结强度。一旦网络里的某条概念被激活，和它处于同一语义网络的其他概念也将被激活，从而产生激活扩散的现象（Quillian, 1967; Collins, Loftus, 1975）。节点间的联结强度越高，意味着两条概念的语义相似程度越高，这时激活便更容易扩散（Whittlesea, 1993; 庞隽、毕圣, 2015）。基于此理论，本研究认为，在顾客与员工的互动中，员工沟通行为会激活顾客对该品牌的个性印象以及与该品牌个性印象在语义上相关，激活同处一个语义网络上的一连串概念和联想，来帮助顾客处理与该品牌个性印象相匹配的员工行为信息，这时他们会体验到较高的信息处理流畅性。然而，当员工沟通行为与品牌个性印象不匹配时，相关的概念就不会被激活，这时信息处理难度会比较高，顾客的流畅性体验就会降低。

此外，还有研究证明，语境的一致性可以提高概念流畅性（Lee, Angela & Labroo, 2004）。也就是说，当刺激和情景相一致时，所提供的信息就会更容易被理解和记住。我们认为，当一线员工传递的信息是与品牌个性相匹配时，心理上的语境一致性使顾客能够进行高层次的心理活动，并且准确地识别外在刺激的意义及其在语义上的知识结构（Schwarz, Clore, 2003）。高度一致的刺激更容易被个体消化和理解，这使得概念的传递更具流畅性和针对性（Nancy，Mary，Stephen et al.，2013；Lee，Angela & Labroo，2004）。

由此可得，当员工沟通行为与品牌个性相匹配时，会导致认知上的一致性，从而提高概念流畅性。因此我们认为，员工沟通行为与品牌个性的匹配性会正向影响顾客的信息处理流畅性。

8.3.4　信息处理流畅性对顾客品牌态度的影响

信息处理流畅性对个体处理信息客体的评判有正向作用（Winkielman et al.，2003；Lee，Angela & Labroo，2004）。个体通常会在概念流畅的前提下给予品牌更积极的评价，即使是在单一的宣传条件下（Lee，Angela & Labroo，2004；Reber，Winkielman & Schwarz 1998）。流畅性可以使人产生积极的情绪，所以个体通常会认为流畅的信息处理过程是一种愉悦的体验。Higgins（1998）的研究指出，个体常常将这种积极的情绪错误地归因于信息处理对象上，并将情绪当作和评判对象相关的信息输入，这是因为信息处理的流畅性对积极情绪的作用往往是在个体没有察觉的情况下产生的。紧接着，个体会体验到由这种信息处理流畅性所引发的积极情绪，从而对信息处理对象引发更强烈的偏好（Schwarz，2006；庞隽、毕圣，2015）。当研究人员操纵被试对积极情绪的归因，让被试以为愉快的情绪体验是由于与判断对象没有任何联系的其他因素（如气氛、音乐等）所导致时，信息处理流畅性对评判的影响就会消失（Winkielman et al.，2003；庞隽、毕圣，2015）。

本研究中，当员工沟通行为与品牌个性相匹配时，顾客会感受到相对高的信息处理流畅性并产生更积极的情绪。这时顾客往往会进行错误的归因，认为是品牌引发的积极情绪，进而对该品牌产生好感。因此，当员工沟通行为与品牌个性相匹配（相对于不匹配而言）时，顾客可以通过概念流畅性更容易地理解品牌内涵，从而对品牌产生积极的情感态度（Winkielman，Cacioppo，2001；Nancy，Mary，Stephen et al.，2013；）。本研究认为，顾客信息处理流畅性体验会对顾客品牌态度产生正向的作用。由此得出，信息处理流畅性会正向影响顾客品牌态度。

基于上述讨论，本研究提出以下假设：

H2：员工沟通行为与品牌个性的匹配性正向影响顾客的信息处理流畅性，进而影响他们的品牌态度，即信息处理流畅性在员工沟通行为与品牌个性的匹配性对顾客品牌态度的影响中起中介作用。

8.3.5 产品涉入度的调节作用

产品涉入代表顾客的兴趣、价值观和自身需求会影响其购买行为，或是说产品涉入代表顾客对产品的重视程度和个人感受。Zaichkowsky（1985）在研究中指出，产品涉入对顾客的购买行为起到了关键的作用，顾客自身特质和产品属性的交互作用也影响着产品涉入。产品涉入度会影响品牌信息搜寻、信息处理过程、品牌态度转变和购买决策等顾客行为领域的很多方面（Richins，Bloch，1986）。

顾客对于不同涉入度的产品态度差异非常明显，Hawkins 在研究中提出，相比于低涉入度的产品来说，顾客在购买高涉入度的产品时，愿意花更多的时间、心思和精力去搜寻与品牌和产品直接相关的信息，从而影响顾客的信息处理过程、转变品牌态度以及影响顾客的购买决策行为。在选购高涉入度的产品过程中，顾客会付出很多精力和时间去收集与品牌或产品属性相关的信息，同时认真地与备选的相似产品进行对比，整个决策购买的过程是十分烦琐的。然而如果选择购买的是低涉入度的产品，顾客的购买决策行为就简单了很多，可能会冲动性购买，并且很容易受到外界环境的影响，比如卖场氛围、设施、选址、员工等因素，都会影响顾客的购买决策行为（Hawkins，1998）。

Richins 和 Bloch（1986）在研究中指出，涉入度对顾客的购买行为有着重要的影响，其中包含信息搜索行为和信息加工过程。而关于涉入度影响信息加工过程的探究和精细加工可能性模型（Elaboration Likelihood Model，ELM）（Petty，Cacioppo，1986）有着密切的关系。在精细加工可能性模型中，Petty 把信息处理过程分成了两条路径，即中枢路径与边缘路径。对于使用中枢路径处理信息的顾客，他们会对问题进行细致周全的考虑，从而改变他们的态度。而对于使用边缘路径处理信息的顾客，他们不会对问题信息进行详尽的处理，因此他们常会受到与目标有关的启发式线索的直接刺激，从而改变态度（Petty，Cacioppo，1986）。Petty 等在研究中指出，顾客选择中枢路径或者边缘路径对信息进行处理取决于产品涉入度的高低。个体进行信息处理时，影响路径选择的重要因素之一是顾客的涉入度：高涉入度的顾客会有更加积极的信息处理动机，他们会对信息进行细致的处理，并更关注与产品核心属性相关的线索，从而以此为根据对目标进行评判；相反，低涉入度的顾客则会有消极的信息处理动机，他们倾向于直接使用具有外围作用的线索对事物加以判断（Petty，Brinol，2010）。

基于上述分析，本研究认为，产品高涉入度时，顾客会通过中枢路径，更关注与产品属性相关的核心线索，并以此为依据对产品进行评判，这种情况下外围线索对其影响不大。而当产品低涉入度时，顾客则会通过边缘路径，直接使用具有外围作用的线索，如员工这一线索，并以此对产品进行评判。在这种情况下，顾客会更关注员工的行为，那么当员工沟通行为与品牌个性相匹配时，顾客的信息处理流畅性就会越高，进而对品牌态度就越积极。由此，本研究提出以下假设：

H3：产品涉入度在员工沟通行为与品牌个性的匹配性对顾客品牌态度的影响中起调节作用。

8.4 员工沟通行为与品牌个性的匹配性对顾客品牌态度的影响

8.4.1 实验一

实验一的目的是验证员工沟通行为与品牌个性的匹配性对顾客品牌态度的影响，同时考察信息处理流畅性在其中的中介作用。

1. 实验设计与被试

实验一采用2（员工沟通行为：精致、粗犷）×2（品牌个性：精致、粗犷）的组间因子设计。我们邀请了120名暨南大学在校学生参加本实验。在剔除了没有按照实验说明完成实验的17名被试后，有效样本为103人。他们的平均年龄23.56岁，其中，男性占48.5%，女性占51.5%，本科生占65.1%，研究生占34.9%。因年龄、性别等人口统计信息变量并没有显著效应，后续的统计分析未将其纳入考虑。

我们通过设计不同的语言沟通行为和非语言沟通行为（举止体态、着装外形等）来操纵员工沟通行为。

2. 实验流程

被试进入实验室后被随机分配到四个实验组中的一组。实验采用的是情景模拟法。要求被试仔细阅读材料，并把他们自己想象成顾客。实验开始后，我们为被试描绘了一个顾客和员工之间交流的角色扮演案例。具体步骤如下：

（1）操纵一线员工的沟通行为。

本实验中，一线员工沟通行为的启动是通过情景假设来激发顾客对员工沟通行为的判断。具体描述情景如下：

a. 精致的员工沟通行为：广州近期降温，您准备买一件秋装。通过以往经验、朋友推荐和网上搜寻品牌信息，您准备入手一件 ZARA/Levi's 的秋衣。一进店里，一位身穿深色优雅西装、面带迷人微笑的员工，温柔地向您打招呼："先生/女士，您好！欢迎光临，请问有什么可以帮助您的吗？"该员工在耐心倾听完您的要求后，按照您的要求推荐了几个款式，并细心地帮助您试穿，最后您选择了其中一款比较符合心意的外套并对该员工表示感谢。员工温和地说："很高兴为您服务，您还需要其他帮助吗？"

b. 粗犷的员工沟通行为：广州近期降温，您准备买一件秋装。通过以往经验、朋友推荐和网上搜寻品牌信息，您准备入手一件 ZARA/Levi's 的秋衣。一进店里，一位身穿休闲牛仔、长款马丁靴，体型很强壮的员工向您打招呼："美女/帅哥，要买什么款式的衣服？"在您说完要求后，该员工挑了几个款式，建议您有兴趣可以试穿，最后您选择了其中一款比较符合心意的外套并对该员工表示感谢。员工回答说："不要客气，能为你做什么尽管开口。"

（2）在情景假设刺激后，要求被试依次对信息处理流畅性和品牌态度做出评价。

信息处理流畅性的量表来自 Nancy 等（2013）的研究，题项是"我很了解这个品牌所代表的内涵""我能很容易辨别出这个品牌对顾客而言意味着什么"以及"我能很容易描述出这个品牌对顾客而言意味着什么"。品牌态度的量表来自 Mitchell 和 Andrew（1981）的研究，题项是"我对该品牌有好感""该品牌能吸引我"以及"我对该品牌的感觉是积极的"。以上量表均为 7 点量表，范围从完全不同意"1"到完全同意"7"。最后，被试要回答操纵检验的问题，其中包括他们对 ZARA/Levi's 的熟悉度，对员工是精致型还是粗犷型的行为特征的认知，以及对品牌是精致型还是粗犷型的特征的认知（Aaker，1997）。

3. 实验结果与分析

（1）量表信度检验。

品牌个性测量量表：精致维度的 Cronbach's α 系数为 0.736；粗犷维度的 Cronbach's α 系数为 0.880。员工沟通行为测量量表：精致维度的 Cronbach's α 系数为 0.866；粗犷维度的 Cronbach's α 系数为 0.905。信息处理流畅性量表的 Cronbach's α 系数为 0.886。品牌态度量表的 Cronbach's α 系数为 0.863。

上述量表的 Cronbach's α 系数均大于 0.7，说明量表具备较高的信度。

（2）操纵检验。

ZARA 在品牌精致上的得分（ZARA 精致 = 4.50）显著高于 Levi's（Levi's 精致 = 3.65），$t = 6.656$，$p = 0.000$；ZARA 在品牌粗犷上的得分（ZARA 粗犷 = 3.31）显著低于 Levi's（Levi's 粗犷 = 5.00），$t = -13.68$，$p = 0.000$，说明对品牌个性的操纵是成功的。

精致型员工在品牌精致上的得分（精致型员工精致 = 4.91）显著高于粗犷型员工（粗犷型员工精致 = 3.49），$t = 11.043$，$p = 0.000$；精致型员工在品牌粗犷上的得分（精致型员工粗犷 = 2.85）显著低于粗犷型员工（粗犷型员工粗犷 = 4.84），$t = -15.02$，$p = 0.000$，说明对员工沟通行为的操纵是成功的。

（3）假设检验。

为检验 H1，运用 SPSS19.0 统计软件对数据进行处理。实验结果如表 8 - 1 所示。

表 8 - 1　组间方差分析

因变量：品牌态度				
源	Ⅲ型平方和	df	均方	F	p
校正模型	17.627	4	4.407	10.333	0.000
截距	77.028	1	77.028	180.607	0.000
熟悉程度	5.866	1	5.866	13.755	0.000
品牌个性	0.016	1	0.016	0.037	0.848
员工沟通行为	0.635	1	0.635	1.489	0.225
品牌个性 * 员工沟通行为	7.385	1	7.35	17.315	0.000

（续上表）

因变量：品牌态度				
源	Ⅲ型平方和	df	均方	F	p
误差	41.797	98	0.426		
总计	2 256.111	103			
校正的总计	59.424	102			

注：R 方 $=0.297$（调整 R 方 $=0.268$）。

以品牌态度为因变量，品牌个性和员工沟通行为为自变量，熟悉程度为协变量，进行 2（品牌个性：精致、粗犷）×2（员工沟通行为：精致、粗犷）的方差分析。

分析结果显示：熟悉程度的主效应显著，$p=0.000$；控制熟悉程度的影响，品牌个性主效应不显著，$F(1,102)=0.037$，$p=0.848$；员工沟通行为的主效应不显著，$F(1,102)=1.489$，$p=0.225$；员工沟通行为和品牌个性的交互作用显著，$F(1,102)=17.315$，$p=0.000$。

因为交互作用显著，进一步进行简单效应分析。分析结果如图 8-1 所示。

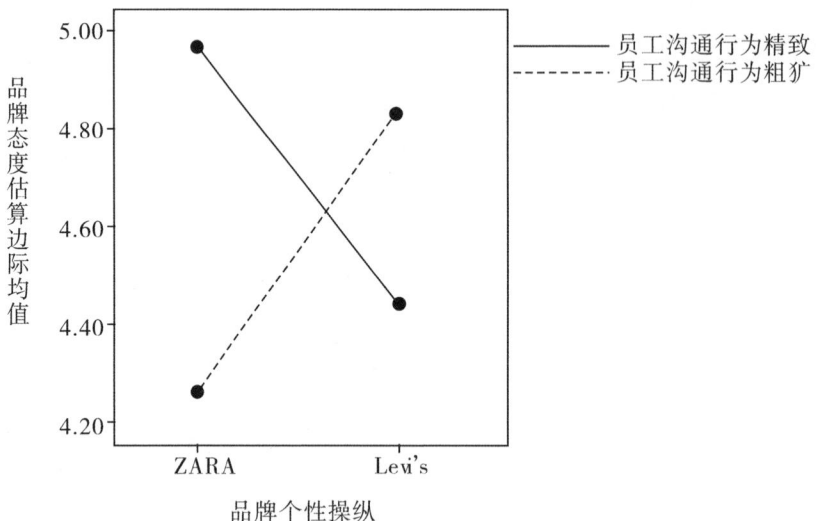

图 8-1　员工沟通行为与品牌个性的交互作用

注：模型中出现的协变量：熟悉度 $=3.11$

当品牌个性是精致时（ZARA 品牌），员工沟通行为精致（$M = 4.967$）时的顾客品牌态度要显著高于员工沟通行为粗犷时的顾客品牌态度（$M = 4.264$），$p = 0.000$；当品牌个性是粗犷时（Levi's 品牌），员工沟通行为精致（$M = 4.447$）时的顾客品牌态度要显著低于员工沟通行为粗犷时的顾客品牌态度（$M = 4.835$），$p = 0.035 < 0.05$。所以 H1 成立。

为了检验信息处理流畅性的中介效应，我们采用 Baron 和 Kenny（1986）的方法进行回归分析。

第一步，以品牌态度为因变量，品牌个性、员工沟通行为、品牌个性 * 员工沟通行为交互为自变量进行回归，回归结果显示，调整 R 方为 0.174，模型显著，$p = 0.000$，品牌个性 * 员工沟通行为交互对顾客品牌态度的回归显著，β 系数为 1.274，$p = 0.000$。

第二步，以信息处理流畅性为因变量，品牌个性、员工沟通行为、品牌个性 * 员工沟通行为交互为自变量进行回归，回归结果显示，调整 R 方为 0.189，模型显著，$p = 0.000$；品牌个性 * 员工沟通行为交互对顾客品牌态度的回归显著，β 系数为 1.789，$p = 0.000$。

第三步，以品牌态度为因变量，品牌个性、员工沟通行为、品牌个性 * 员工沟通行为交互、信息处理流畅性为自变量进行回归，回归结果显示，调整 R 方为 0.373，模型显著，$p = 0.000$；品牌个性 * 员工沟通行为交互对顾客品牌态度的回归显著，β 系数为 0.594，$p = 0.028$，但显著性显著降低。具体回归结果如表 8 - 2 所示。

表 8 - 2 回归分析结果

变量	模型 1		模型 2		模型 3	
	品牌态度		信息处理流畅性		品牌态度	
	β 系数	p	β 系数	p	β 系数	p
品牌个性	-0.525	0.009	-0.775	0.003	-0.230	0.201
员工沟通行为	-0.826	0.000	-0.699	0.007	-0.560	0.002
品牌个性 * 员工沟通行为	1.274	0.000	1.789	0.000	0.594	0.028
信息处理流畅性					0.380	0.000

（续上表）

变量	模型 1		模型 2		模型 3	
	品牌态度		信息处理流畅性		品牌态度	
	β 系数	p	β 系数	p	β 系数	p
调整 R 方	0.174	0.189	0.373			
p	0.000	0.000	0.000			

Bootstrapping 分析（重复抽取的样本数设置为 5 000，置信度设置为 95%）的结果进一步显示，信息处理流畅性的中介作用的置信区间显著地偏离 0（95%，$LLCI = 0.410\ 5$，$ULCI = 1.060\ 1$）。由此可见，信息处理流畅性在员工沟通行为与品牌个性的匹配性对顾客品牌态度的影响中起到部分中介的作用。由此得出，H2 假设成立。

4. 关于实验一的讨论

实验一中，我们通过情景模拟的实验方法对假设 H1 和 H2 进行了检验，数据分析结果为假设 H1 和假设 H2 提供了验证，接下来我们将探讨员工沟通行为与品牌个性相匹配在何种情况下会对顾客品牌态度产生最大的影响，我们通过实验二来探讨这个问题。

8.4.2 实验二

实验二的目的是验证产品涉入度在员工沟通行为与品牌个性的匹配性对顾客品牌态度影响中的调节作用。

1. 实验设计与被试

实验二中采用 2（员工沟通行为：精致、粗犷）×2（品牌个性：精致、粗犷）×2（产品涉入度：高、低）的组间因子设计。我们邀请了 240 名在校学生参加本实验。在剔除了没有按照实验说明完成实验的 13 位被试后，有效问卷 227 份，其中男生 99 份，占比 43.6%，女生 128 份，占比 56.4%；本科生 118 人，占比 52%，研究生 102 人，占比 44.9%。

我们设计了两个虚拟品牌奥尔笔记本电脑和宣蔻洗发水。通过预实验可知，奥尔笔记本电脑代表高涉入度产品，而宣蔻洗发水代表低涉入度产品。我们通过设计不同的语言沟通行为和非语言沟通行为（举止体态、着装外形等）来操纵员工沟通行为。

2. 实验流程

被试进入实验室后，被随机分配到八个实验组中的一组。实验采用的是情景模拟法，要求被试仔细阅读材料，并把自己想象成顾客。实验开始后，我们为被试描绘了一个顾客和员工之间交流的角色扮演案例。

在情景假设刺激后，要求被试依次对信息处理流畅性和品牌态度做出评价。信息处理流畅性的量表来自 Nancy 等（2013）的研究，题项是"我很了解这个品牌所代表的内涵""我能很容易辨别出这个品牌对顾客而言意味着什么"以及"我能很容易描述出这个品牌对顾客而言意味着什么"。品牌态度的量表来自 Mitchell 和 Andrew（1981）的研究，题项是"我对该品牌有好感""该品牌能吸引我"以及"我对该品牌的感觉是积极的"。以上量表均为 7 点量表，范围从完全不同意"1"到完全同意"7"。最后，被试要回答操纵检验的问题，其中包括他们对两个产品涉入度程度的认知（Zaichkowsky，1994），对员工是精致型或粗犷型的行为特征的认知以及对品牌是精致型还是粗犷型的特征的认知（Aaker，1997）。

3. 实验结果与分析

（1）量表信度检验。

产品涉入度量表的 Cronbach's α 系数为 0.908。品牌个性测量量表：精致维度的 Cronbach's α 系数为 0.881；粗犷维度的 Cronbach's α 系数为 0.886。员工沟通行为测量量表：精致维度的 Cronbach's α 系数为 0.866；粗犷维度的 Cronbach's α 系数为 0.893。信息处理流畅性量表的 Cronbach's α 系数为 0.857。品牌态度量表的 Cronbach's α 系数为 0.792。

上述量表的 Cronbach's α 系数均大于 0.6，说明量表具备可接受的信度。

（2）操纵检验。

从产品涉入度操纵检验可知，产品涉入度之间存在显著差异，奥尔笔记本电脑的得分（$M_{高涉入} = 5.472$）显著高于宣蔻洗发水的得分（$M_{低涉入} = 3.547$），$t = 10.842$，$p = 0.000$，说明产品涉入度的操纵是成功的。

从品牌个性操纵检验可知，在精致维度上，精致型品牌的得分（$M_{精致} = 4.837$）显著低于粗犷型品牌的得分（$M_{粗犷} = 3.386$），$t = 19.253$，$p = 0.000$。在粗犷维度上，精致型品牌的得分（$M_{精致} = 3.398$）显著低于粗犷型品牌的得分（M粗犷 = 4.839），$t = -18.638$，$p = 0.000$。说明对品牌个性的操纵是成功的。

从员工沟通行为操纵检验可知，在精致维度上，精致型员工的得分（精致型员工精致 = 4.930）显著高于粗犷型员工（粗犷型员工精致 = 3.353），$t = 15.905$，$p = 0.000$；在粗犷维度上，精致型员工的得分（精致型员工粗犷 = 3.121）显著低于粗犷型员工（粗犷型员工粗犷 = 4.794），$t = -16.186$，$p = 0.000$。这说明对员工沟通行为的操纵是成功的。

（3）假设检验。

2（产品涉入度：高、低）×2（员工沟通行为：精致、粗犷）×2（品牌个性：精致、粗犷）的被试间设计，品牌态度为因变量。

分析结果显示：产品涉入度的主效应不显著，$F(1,219) = 0.039$，$p = 0.844$；员工沟通行为的主效应不显著，$F(1,219) = 1.139$，$p = 0.287$；品牌个性的主效应不显著，$F(1,219) = 0.005$，$p = 0.944$；产品涉入度、员工沟通行为、品牌个性的三重交互显著，$F(1,219) = 60.999$，$p = 0.000$。

表 8 - 3　主体间效应的检验

因变量：品牌态度					
源	Ⅲ型平方和	df	均方	F	p
校正模型	34.461	7	4.923	15.281	0.000
截距	4 307.677	1	4 307.677	13 371.81	0.000
品牌个性	0.002	1	0.002	0.005	0.944
员工沟通行为	0.367	1	0.367	1.139	0.287
产品涉入度	0.012	1	0.012	0.039	0.844
品牌个性 * 员工沟通行为	14.008	1	14.008	43.479	0.000
品牌个性 * 产品涉入度	0.004	1	0.004	0.014	0.906
员工沟通行为 * 产品涉入度	0.507	1	0.507	1.575	0.211
品牌个性 * 员工沟通行为 * 产品涉入度	19.652	1	19.652	60.999	0.000

（续上表）

因变量：品牌态度					
源	Ⅲ型平方和	df	均方	F	p
误差	70. 554	219	0. 322		
总计	4 408. 111	227			
校正的总计	105. 015	226			

注：R 方 $= 0.328$（调整 R 方 $= 0.307$）。

因为三重交互显著，接下来进行简单效应分析。

在品牌个性是精致的情景中，当产品高涉入度时，员工沟通行为与品牌个性匹配与否对顾客的品牌态度没有显著影响，M 精致 $= 4.233$，M 粗犷 $= 4.5$，$p = 0.074$；当产品低涉入度时，员工沟通行为与品牌个性匹配时的顾客品牌态度（M 精致 $= 4.893$）要显著高于不匹配时的顾客品牌态度（M 粗犷 $= 3.793$），$p = 0.000$。如图 8 – 2 所示。

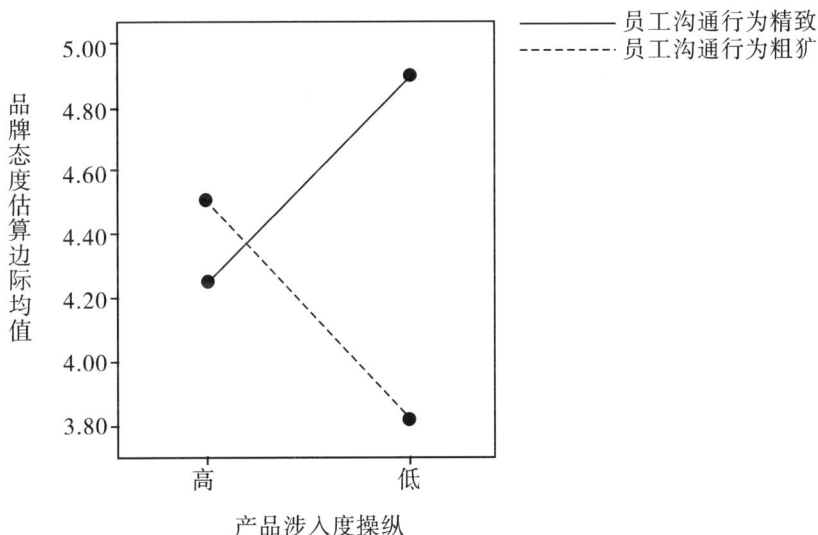

图 8 – 2　品牌个性为精致的顾客品牌态度得分

在品牌个性是粗犷的情景中，当产品高涉入度时，员工沟通行为与品牌个性匹配与否对顾客的品牌态度没有显著影响，M 精致 $= 4.321$，M 粗

犷 $=4.405$，$p=0.581$；当产品低涉入度时，员工沟通行为与品牌个性匹配时的顾客品牌态度（M 粗犷 $=4.893$）要显著高于不匹配时的顾客品牌态度（M 精致 $=3.821$），$p=0.000$。图 8 - 3 所示。

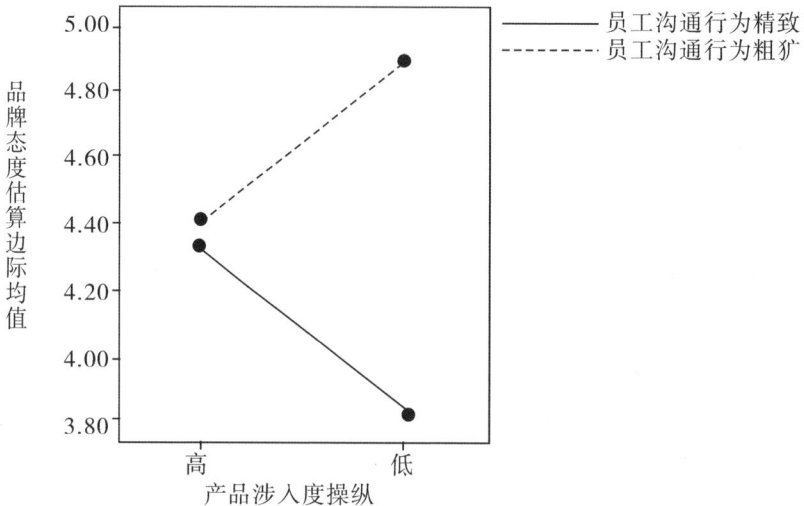

图 8 - 3 品牌个性为粗犷的顾客品牌态度得分

按照 Zhao 等（2010）提出的中介分析程序，参照 Preacher 等（2007）和 Hayes（2013）提出的有调节的中介分析模型（模型 11）进行 Bootstrapping 中介变量检验（重复抽取的样本数设置为 5 000，置信度设置为 95%）。

中介变量信息处理流畅性的确中介了员工沟通行为与品牌个性的匹配及产品涉入度对顾客品牌态度的交互影响。进一步分析在不同产品涉入度下员工沟通行为与品牌个性的匹配对顾客品牌态度影响中信息处理流畅性的中介效应，数据结果表明，在产品涉入度低的情况下，不管品牌个性是精致（$LLCI=-0.5258$，$ULCI=-0.1213$）还是粗犷（$LLCI=0.1230$，$ULCI=0.4880$），信息处理流畅性显著；而在产品涉入度高的情况下，不管品牌个性是精致（$LLCI=-0.0273$，$ULCI=0.1409$）还是粗犷（$LLCI=-0.0706$，$ULCI=0.1037$），信息处理流畅性并不发挥中介作用。

4. 关于实验二的讨论

通过上述实验结果可知，我们提出的假设 H3 成立，即产品涉入度在员工沟通行为与品牌个性的匹配性对顾客品牌态度的影响中起调节作用。

具体而言，在产品涉入度低的情况下，员工沟通行为与品牌个性的匹配性正向影响顾客的信息处理流畅性，进而正向影响顾客品牌态度；而在产品涉入度高的情况下，员工沟通行为与品牌个性的匹配与否对信息处理流畅性影响不显著。

8.5　结论与管理建议

本研究探讨了员工沟通行为与品牌个性的匹配性对顾客品牌态度的影响，并研究了信息处理流畅性对上述关系的中介作用，以及产品涉入度对上述关系的调节作用。

第一，员工沟通行为与品牌个性的匹配性对顾客品牌态度存在交互影响，信息处理流畅性在其中起到部分的中介作用。在本研究中，当员工沟通行为与品牌个性相匹配时，顾客会体验到较高的信息处理流畅性以及由此引发的积极情绪。顾客将这种积极情绪错误地归因到品牌上，并对该品牌产生好感。因此，当员工沟通行为与品牌个性相匹配（相对于不匹配而言）时，在概念流畅性体验下，顾客能够更容易地理解品牌内涵，从而对品牌产生积极的态度。

第二，产品涉入度在员工沟通行为与品牌个性的匹配性对顾客品牌态度的影响中起调节作用。当产品涉入度高时，顾客通过中枢路径，更关注与产品属性相关的核心线索，并以此为依据对产品进行评判，这种情况下外围线索对其影响不大。而当产品涉入度低时，顾客则会通过边缘路径，直接使用具有外围作用的线索，如员工这一线索，并以此对产品进行评判。在这种情况下，顾客会更关注员工的行为，那么当员工沟通行为与品牌个性相匹配时，顾客的信息处理流畅性就会越高，进而对顾客品牌态度的影响就越积极。

本研究将对市场营销、企业运作和人力资源等在聘请、筛选、训练和激励一线员工时具有重要的管理启示。

首先，我们建议营销经理设计并指导企业的品牌服务与品牌理念相匹配，如品牌宣传活动和公共关系活动。我们认为建设标准化的品牌体验，对企业而言是一种挑战。因为员工存在个体差异，所以通过个人提供的服务实际上是因人而异的（Zeithaml et al.，2013）。我们的研究结果支持了内部管理的重要性，在企业内部沟通交流品牌信息，能够帮助员工更好地理解和内化品牌价值（Gilly，Mary & Wolfinbarger，1998）。

其次，为了实现成功的品牌服务接触，我们建议品牌经理与人力资源部门紧密合作，聘请与品牌个性特征相匹配的员工，并培养他们将品牌价值内化，并且真正地做到员工沟通行为与品牌个性相匹配（比如穿戴与品牌个性匹配的服饰以及使用与品牌个性匹配的短语和对白）来与顾客进行互动。这将有助于员工在每一个服务接触中传达更为统一的品牌内涵。特别是对于低涉入度产品而言，员工沟通行为与品牌个性的匹配性对顾客品牌态度的影响尤为重要。

最后，我们建议企业可以使用角色扮演练习方法让员工进行品牌内化的训练。此外，可以设置"神秘顾客"，定期观察员工与客户的互动行为。人力资源部门可以运用本研究结果来指导员工的个人成长，并应用到招聘、培训和绩效管理等实践工作中。

⑨ 结 语

9.1 消费者自我—品牌联结的文化心理

在不同的文化背景下，消费者自我概念存在差异。西方文化比较鼓励独立，强调个性，属于独立自我；但是在以集体主义为主导的东方文化中，个体被要求服从家庭、遵守社会规范，其自我概念中包含比较多的社会性，更愿意从群体、他人关系的角度描述自我，属于互依自我。自我建构的差异影响个体消费行为，西方文化是个人导向型消费，强调个性因素，消费者注重内部的体验；东方文化则是社会导向型消费，周围群体的观点、信念会对消费行为产生重要影响。所以，我们认为，西方文化下消费者自我—品牌联结受个体性自我的影响较大，而东方文化下则受社会性自我的影响（如地位、尊严等）较多。

9.2 消费者自我—品牌联结的自我心理

恐惧管理理论认为，当自尊受到威胁后，为了恢复自我价值感，个体会启动恐惧管理策略，而世界观与亲密关系是最重要的两种。那么，消费者自我—品牌联结会不会是一种备选策略呢？ Charles，Hurst 和 Roussanov（2009）研究发现，美国黑人、拉丁裔家庭在汽车、珠宝、服饰等可视商品上的支出比重要高于白人家庭；Rocker 和 Galinsky（2008）研究发现，被激发较低权力感的个体表现出对诸如公文包、毛皮大衣、行政笔等地位商品具有较高的支付意愿。这些研究说明，当自我感到不安全时，消费品可以起到恐惧管理目的，但这方面研究还没有进一步提升到品牌层面，所以，实证研究探讨消费者自我—品牌联结的心理功能显得很有价值和意义。

参考文献

[1] AAKER D A. Measuring brand equity across products and markets [J]. California management review, 1997 (38).

[2] AAKER, JENNIFER L. Dimensions of brand personality [J]. Journal of marketing research, 1997, 34 (3).

[3] AAKER, GARBINSKY E N & OHS K D. Cultivating admiration in brands: warmth, competence, and landing in the "golden quadrant" [J]. Journal of consumer psychology, 2012, 22 (2).

[4] ACKOFF R L, EMSOFF J R. Advertising research at anheuser-busch, [J]. Sloan management review, 1975, 16 (2).

[5] AGGARWAL P. The effects of brand relationship norms on consumer attitudes and behavior [J]. Journal of consumer research, 2004, 31 (1).

[6] AGUIRRE-RODRIGUEZ A. The effect of consumer persuasion knowledge on scarcity appeal persuasiveness [J]. Journal of advertising, 2013, 42 (4).

[7] ALBERT M, MUNIZ & THOMAS J R. Brand community [J]. Journal of consumer research, 2001, 27 (4).

[8] ALEXANDER CHERNEV, RYAN HAMILTON & DAVID GAL. Competing for consumer identity: limits to self-expression and the perils of lifestyle branding [J]. Journal of marketing, 2011, 75 (3).

[9] ALLAN, LUTHER & ALEX. The Art of gift giving in China [J]. Business horizons, 2003, 46 (4).

[10] BARBARA A CARROLL, AARON C A. Some antecedents and outcomes of brand love [J]. Marketing letters, 2006, 17 (2).

[11] BARON R M, KENNY D A. The moderator-mediator variable distinction in social psychological research: Conceptual, strategic, and statistical considerations [J]. Journal of personality and social psychology, 1986 (6).

[12] BATRA R, RAMASWAMY V, ALDEN D L, et al. Effects of brand local and nonlocal origin on consumer attitudes in developing countries [J]. Journal of consumer psychology, 2000, 9 (2).

[13] BENDAPUDI, ROBERT P L. Managing business-to-business customer relationships following key contact employee turnover in a vendor firm [J]. Journal of marketing, 2002, 66 (2).

[14] BERGER J, FITZSIMONS G. Dogs on the street, pumas on your feet: how cues in the environment influence product evaluation and choice [J]. Journal of marketing research, 2008, 45 (1).

[15] BERRY, LEONARD L. Academy of marketing science [J]. 2000, 28 (1).

[16] BERRY, LEONARD L & LAMPO S. Branding labour-intensive services [J]. Business strategy review, 2004, 15 (1).

[17] BIEL L. Converting image into equity. brand equity and advertising hillsdale [M]. New Jersey: Lawrenee erlaum associates, 1993.

[18] BITNER, MARY JO. Services capes: the impact of physical surroundings on customers and employees [J]. Journal of marketing, 1992, 56 (4).

[19] BLACKSTON M. The qualitative dimension of brand equity [J]. Journal of advertising research, 1995, 35 (4).

[20] BLOCH P H. An exploration into the scaling of consumers' involvement with a product class [J]. Advances in consumer research, 1981, 8 (1).

[21] BONNEY, HERD & MOREAU. For you or for me? how the intended recipient influences the customization experience and valuations of customized products [J]. Journal of marketing research, 2010.

［22］BORNSTEIN R F, D'AGOSTINO P R. Stimulus recognition and the mere exposure effect ［J］. Journal of personality and social psychology, 1992, 63 (4).

［23］BURGOON J K, DAVID B BULLER & W G WOODALL. Nonverbal communication: the unspoken dialogue ［M］. New York: McGraw-Hill, 1996.

［24］CHEN, CHEN. On the intricacies of the Chinese Guan Xi: a process model of Guan Xi development ［J］. Asia Pacific journal of management, 2004, 21 (3).

［25］CHENG-LU WANG, SIU NOEL Y M & HUI ALICE S Y. Consumer decision-making styles on domestic and imported brand clothing ［J］. European journal of marketing, 2004, 38 (1).

［26］CLARK, MILS. The difference between communal and exchange relationships: what it is and is not ［J］. Personality and social psychology bulletin, 1993, 19 (6).

［27］COLLINS A M, LOFTUS E F. A spreading-activation theory of semantic processing ［J］. Psychological review, 1975, 82 (6).

［28］DAVID J M, PAMELA M H. Self-brand connections: the role of attitude strength and autobiographical memory primes ［J］. Journal of business research, 2008, 61 (7).

［29］DE CHERNATONY L, COTTAM S. Internal brand factors driving successful financial services brands ［J］. European journal of marketing, 2006, 40 (5/6).

［30］DEL J H, DAVID L M & ROGER J B. Consumer behavior, building marketing strategy ［M］. Beijing: China Machine Press, 1998.

［31］DODDS, MONROE & GREWAL. Effects of price, brand, and store information on buyers' product evaluations ［J］. Journal of marketing research, 1991, 28 (3).

［32］DYSON, FARR, HOLLIS. Understanding, measuring and using brand equity ［J］. Journal of advertising research, 1996, 36 (6).

［33］ENGEL, BLACKWELL MINIARD. Consumer behavior ［M］. Fort

Worth: The Diyden Press, 1993.

[34]ESCALAS J E, BETTMAN J R. Self-construal reference groups and brand meaning [J]. Journal of consumer research, 2005, 32 (3).

[35]ESCALAS J E, BETTMAN J R. You are what they eat the influence of reference groups on consumer connections to brands [J]. Journal of consumer psychology, 2003 (13).

[36]FANG X, SINGH S & AHLUWALIA R. An examination of different explanations for the mere exposure effect [J]. Journal of consumer research, 2007, 34 (1).

[37]FOREHAND, MARK R, ROHIT DESHPANDE, et al. Americus, ii. identity salience and the influence of activation of the social self-schema on advertising response [J]. Journal of applied psychology, 2002, 87 (6).

[38]FRANCESCA, FRANCIS. Give them what they want: the benefits of explicitness in gift exchange [J]. Journal of experimental social psychology, 2011, 47 (5).

[39]FRELING T H, L P FORBES. An empirical analysis of the brand personality effect [J]. Journal of product and brand management, 2005, 14 (7).

[40]GABBOTT M, GILLIAN HOGG. The role of non-verbal communication in service encounters: a conceptual framework [J]. Journal of marketing management, 2001, 17 (1/2).

[41]GABRIELE, STRAETERA & HOOGE. Give me yourself: gifts are liked more when they match the giver's characteristics [J]. Journal of consumer psychology, 2015, 25 (3).

[42] GIAN VITTORIO CAPARARA, CLAUDIO BARBARANELLI & GIANLUIGI GUIDO. Brand personality: how to make the metaphor fit [J]. Journal of economic psychology, 2001 (22).

[43]GILLY, MARY C & MARY WOLFINBARGER. Advertising's internal audience [J]. Journal of marketing, 1998, 62 (1).

[44] GITA VENKATARAMANI JOHAR. Consumer involvement and

deception from implied advertising claims ［J］. Journal of marketing research, 1995, 32 (3).

［45］H LEIBENSTEIN. Bandwagon, snob and veblen. effects in the theory of consumers' demand ［J］. The quarterly journal of economics, 1950, 64 (2).

［46］HARRIS, REYNOLD. Consumer behavior: an exploration of types and motives in the hospitality industry ［J］. Journal of services marketing, 2004, 18 (5).

［47］HAYES A F. Beyond baron and kenny: statistical mediation analysis in the new millennium ［J］. Communication monographs, 2009 (76).

［48］HAYES A F. An introduction to mediation, moderation, and conditional process analysis: a regression-based approach ［M］. New York: Guilford Press. 2013.

［49］HIGGINS E T. Promotion and prevention: regulatory focus as a motivational principle ［J］. Advances in experimental social psychology, 1998 (30).

［50］JANISZEWSKI, CHRIS. Preattentive mere exposure effects ［J］. Journal of consumer research, 1993, 20 (3).

［51］JENNIFER E E. Narrative processing: building consumer connections to brands ［J］. Journal of consumer psychology, 2004, 14 (1).

［52］JENNIFER, SUSAN & ADAM. When good brands do bad ［J］. Journal of consumer research, 2004, 31 (1).

［53］JOY, ANNAMMA. Gift giving in Hong Kong and the continuum of social ties ［J］. Journal of consumer research, 2001, 28 (2).

［54］KARL, MARINA & SOLAS. Giver-receiver asymmetrics in gift preferences ［J］. The British journal of social psychology, 2005, 44 (1).

［55］KEAVENEY S M. Customer switching behavior in service industries: an exploratory study ［J］. Journal of marketing, 1995, 59 (4).

［56］KELLER K L, DONALD R LEHMAN. Brands and branding: research findings and future priorities ［J］. Marketing science, 2006, 25 (6).

［57］KELLER K L. Conceptualizing, measuring, and managing customer-based brand equity ［J］. Journal of marketing, 1993, 57 (1).

［58］KELLER K L. Strategic brand management. upper saddle river ［M］. New Jersey: Prentice Hall, 1998.

［59］KRAUSE N, SHAW B A. Role-specific feelings of control and mortality ［J］. Psychology and aging, 2000, 15 (4).

［60］KUPPERSHMIDT B R. Multigeneration employees: strategies for effective management ［J］. Health care manager, 2000, 19 (1).

［61］LANSKA M, OLDS J M & WESTERMAN D L. Fluency effects in recognition memory: are perceptual fluency and conceptual fluency interchangeable ［J］. Journal of experimental psychology: leaning, memory, and cognition, 2014, 40 (1).

［62］LAURENT G, KAPFERER J N. Measuring consumer involvement profiles ［J］. Journal of marketing research, 1985, 22 (1).

［63］LAWRENCE S LOCKSHIN. Using product, brand and purchasing involvement for retail segmentation ［J］. Journal of retailing and consumer services, 1997, 4 (3).

［64］LEARY, MARK R. The role of low self-esteem in emotional and behavioral problems: why is low self-esteem dysfunctional？［J］. Journal of social and clinical psychology, 1995, 14 (3).

［65］LEE, ANGELA Y & APAMA A LABROO. The Effect of conceptual and perceptual fluency on brand evaluation ［J］. Journal of marketing research, 2004, 61 (5).

［66］LEE, DAWES. Guan Xi, trust, and long-term orientation in Chinese business markets ［J］. Journal of international marketing, 2005, 13 (2).

［67］LEE, ANGELA Y. Effects of implicit memory on memory-based versus stimulus-based brand choice ［J］. Journal of marketing research, 2002, 39 (11).

［68］LIANXI ZHOU, MICHAEL K HUI. Symbolic Value of foreign products in the People's Republic of China ［J］. Journal of international marketing, 2003, 11 (2).

[69] LIAO JIANG QUN, LEI WANG. Face as a mediator of the relationship between material value and brand consciousness [J]. Psychology and marketing, 2009, 26 (11).

[70] LILJANDER V, STRANDVIK T. Emotions in service satisfaction [J]. International journal of service industry management, 1997, 8 (2).

[71] LIN L Y. The relationship of consumer personality trait, brand personality and brand loyalty: an empirical study of toys and video games buyers [J]. Journal of product and brand management, 2010, 19 (1).

[72] LOUIS D, C LOMBART. Impact of brand personality on three major relational consequences trust, attachment, and commitment to the brand [J]. Journal of product and brand management, 2010, 19 (2).

[73] M J SIRGY. Assessing the predictive validity of two methods of measuring self-image congruence [J]. Journal of the academy of marketing science, 1997 (3).

[74] MACRCAE C. The brand chartering handbook [M]. New York: Addison-Wesley Publishing Company, 1996.

[75] MANNHEIM KARL. The sociological problem of generations// KECSKEMETI P (Ed.). Essays on the sociology of knowledge [M]. London: Routledge & Kegan Paul, 1952.

[76] MARSHA L RICHINS, PETER H BLOCH. After the new wears off: the temporal context of product involvement [J]. Journal of consumer research, 1986, 13 (2).

[77] MASON R S. Conspicuous consumption [M]. New York: St. Martin's, 1981.

[78] MCCRACKEN G. Who is the celebrity endorse? culture foundation of the endorsement process [J]. Journal of consumer research, 1989, 16 (3).

[79] MITCHELL, ANDREW A. Are product attribute beliefs the only mediator of advertising effects on brand attitude? [J]. Journal of marketing research, 1981, 18 (3).

［80］MOORE D J, HOMER P M. Self-brand connections: the role of attitude strength and autobiographical memory primes ［J］. Journal of business research, 2008 (61).

［81］MORGAN, SUSAN. It's not me, it's you: how gift giving creates giver identity threat as a function of social closeness ［J］. Journal of consumer research, 2011, 38 (1).

［82］MUSCH J, KLAUER K C. The psychology of evaluation: affective processes in cognition and emotion ［M］. New Jersey: Lawrence Erlbaum Associates, 2003.

［83］NANCY J SIRIANNI, MARY JO BITNER, STEPHEN W BROWN, et al. Branded service encounters: strategically aligning employee behavior with the brand positioning ［J］. Journal of marketing, 2013, 77 (11).

［84］NEDUNGADI, PRAKASH. Recall and consumer consideration sets: influencing choice without altering brand evaluation ［J］. Journal of consumer research, 1990, 17 (12).

［85］NETEMEYER R G, SCOT B & DONALD R L. Trait aspects of vanity: measurement and relevance to consume behavior ［J］. Journal of consumer research, 1995, 21 (1).

［86］NOVEMSKY, NATHAN, RAVI DHAR, et al. Perference fluency in consumer choice ［J］. Journal of marketing research. 2007, 44 (3).

［87］O'CASS, ARON & HMILY MCEWEN. Exploring consumer status and conspicuous consumption ［J］. Journal of consumer behaviour , 2004, 4 (1).

［88］OLIVER R L, BEARDEN W O. The role of involvement in satisfaction processes ［J］. Advances in consumer research, 1983, 10 (1).

［89］PARK B A. Method for studying the development of impression of real people ［J］. Journal of personality and social psychology, 1986 (51).

［90］PETTY R E, BRINOL P. Attitude change//BAUMEISTER R F, FINKEL E J (Eds.). Advanced social psychology: the state of the science ［M］. Oxford: Oxford University Press, 2010.

［91］PETTY R E, CACIOPPO J T. The elaboration likelihood model of persuasion [J]. Advances in experimental social psychology, 1986 (19).

[92] PREACHER K J, RUCKER D D & HAYES A F. Assessing moderated mediation hypotheses: theory, methods, and prescriptions [J]. Multivariate behavioral research, 2007 (42).

[93] QIAN, RAZZAQUE & KENG. Chines cultural values and gift-giving behavior [J]. Journal of consumer marketing, 2007, 24 (4).

[94] QUILLIAN M R. Word concepts: a theory and simulation of some basic semantic capabilities [J]. Behavioral science, 1967, 12 (5).

[95] REBER R, WINKIELMAN P & SCHWARZ N. Effects of perceptual fluency on effective judgments [J]. Psychological science, 1998, 9 (1).

[96] REBER, ROLF, NORBERT SCHWARZ, et al. Processing fluency and aesthetic pleasure: is beauty in the perceiver's processing experience? [J]. Personality and social psychology review, 2004, 8 (4).

[97] RICHARD G NETEMEYER, SRINIVAS DURVASULA, DONALD R, et al. A cross-national assessment of the reliability and validity of the cetscale [J]. Journal of marketing research, 1991, 28 (3).

[98] ROSENBERG M P. Society and the adolescent self-image [M]. New Jersey: Princeton University Press, 1965.

[99] SARAH T, JENSEN ARTHUR. Interpersonal communication [M]. Calf: Wadsworth Publishing Company, 1992.

[100] SCHACTER, DANIEL L. Implicit memory: history and current status [J]. Journal of experimental psychology: learning, memory, and cognition, 1987, 13 (3).

[101] SCHAU, HOPE J & CRISTEL A R. Me, myself and my brands [J]. Advances in consumer research, 2005, 32 (1).

[102] SCHWARZ N. Feelings, fit, and funny effects: a situated cognition perspective [J]. Journal of marketing research, 2006, 43 (1).

[103] SCHWARZ, GERALD L CLORE. Mood as information: 20 years later [J]. Psychological inquiry, 2003, 14 (3/4).

[104] SHANK M D, LANGMEYER L. Does personality influence brand

image? [J]. The journal of psychology, 1994, 128 (2).

[105]SHAPIRO S, DEBORAH J MACLNNIS & SUSAN HECKLER. The effects of incidental ad exposure on the formation of consideration sets [J]. Journal of consumer research, 1997, 24 (6).

[106]SHEN H, JIANG Y & ADAVAL R. Contrast and assimilation effects of processing fluency [J]. Journal of consumer research, 2010, 36 (5).

[107]SHERRY. Gift giving in anthropological perspective [J]. Journal of consumer research, 1983, 10 (2).

[108]SHETH, JAGDISH N, BRUCE I N, et al. Consumption values and market choices: theory and applications [M]. Cincinnati: South-Western Pub, 1991.

[109] SHOSTACK G L. Breaking free from product marketing [J]. Journal of marketing, 1977, 41 (4).

[110] SINGELIS. The measurement of independent and interdependent self-construals [J]. Personality and social psychology bulletin, 1994, 20 (5).

[111]SIRGY M J. Self-concept in consumer behavior: a critical review [J]. Journal of consumer research, 1982, 9 (3).

[112]SIRGY. Self-concept in consumer behavior: a critical review [J]. Journal of consumer research, 1982, 9 (3).

[113] SOLNICK, SARA J & DAVID HEMENWAY. Are positional concerns stronger in some domains than in others? [J]. The American economic review, 2005, 95 (2).

[114]SOLNICK, SARA J, LI HONG, et al. Positional goods in the United States and China [J]. The journal of socio-economics, 2007, 36 (4).

[115]SOLNICKA, SARA J&DAVID HEMENWAY. Is more always better? a survey on positional concerns [J]. Journal of economic behavior and organization, 1998, 37 (3).

[116] SOMMERVILLE. Beyond words: an introduction to nonverbal communication [M]. New Jersey: Prentice Hall, 1982.

[117] STIFF, JAMES, STEVE C, et al. Individual differences and

changes in nonverbal behavior: unmasking the changing faces of deception [J]. Communication research, 1994, 21 (5).

[118]STRAUSS W, HOWE N. America's 13th generation [M]. New York: Vintage, 1993.

[119]SUNDARAM D S, CYNTHIA WEBSTER. The role of nonverbal communication in service encounters [J]. Journal of services marketing, 2000, 14 (5).

[120]SUNG Y, J KIM. Effects of brand personality on brand trust and brand affect [J]. Psychology and marketing, 2010, 27 (7).

[121]SURI, RIPP & STEPHEN. Impact of giving on self and impact of self on giving [J]. Psychology and marketing, 2015, 32 (1).

[122] SUSAN FOURNIE. Consumer and their brands: Developing relationship theory in consumer research [J]. Journal of consumer research, 1998 (3).

[123]SWAMINATHAN V, K M STILLEY, R AHLUWALIA. When brand personality matters: the moderating role of attachment styles [J]. Journal of consumer research, 2009, 35 (6).

[124]SWAMINATHAN V, PAGE K L & G RHAN-CANLI Z. "My" brand or "Our" brand: the effects of brand relationship dimensions and self-construal on brand evaluations [J]. Journal of consumer research, 2007, 34 (2).

[125]TING-TOOMEY, STELLA & ATSUKO KUROG. Facework competence in intercultural conflict: an updated face-negotiation theory [J]. International journal of intercultural relations, 1998, 22 (2).

[126]TORELLI. Individuality or conformity? the effect of independent and interdependent self-concepts on public judgments [J]. Journal of consumer psychology, 2006, 16 (3).

[127]TYNAN, CAROLINE & TERESA. Self-gift giving in China and the UK: collectivist versus individualist orientations [J]. Journal of marketing management, 2010, 26 (11 – 12).

[128]UPSHAW L B. Building brand identity: a strategy for success in a

hostile marketplace [M]. New York: John Wiley & Sons, 1995.

[129] VIGNERON F, JOHNSON L W. A review and a conceptual framework of prestige-seeking consumer behavior [J]. Academy of marketing science review, 1999, 1 (1).

[130] WAN L C, M K HUI & R S WYER JR. The role of relationship norms in responses to service failures [J]. Journal of consumer research, 2011, 38 (2).

[131] WAN, MICHAEL, ROBERT, et al. The role of relationship norms in responses to service failures [J]. Journal of consumer research, 2011, 38 (2).

[132] WENTZEL, DANIEL. The effect of employee behavior on brand personality impressions and brand attitudes [J]. Journal of the academy of marketing science, 2009 (3).

[133] WHAN PARK C. Strategic brand concept-image management [J]. Journal of marketing, 1986, 50 (10).

[134] WHITE KATHERINE, JENNIFER J ARGO. Social identity threat and consumer preferences [J]. Journal of consumer psychology, 2009, 19 (3).

[135] WOLFINBARGER, GILLY. An experimental investigation of self-symbolism in gifts [J]. Advances in consumer research, 1996, 23 (1).

[136] WONG, NANCY Y & AARON C A. Personal taste and family face: luxury consumption in confucian and western societies [J]. Psychology and marketing, 1998, 15 (5).

[137] WORTINGTON R L, MICHAEL M, ROBERT P F, et al. Multicultural counseling competencies: verbal content, counselor attributions and social desirability [J]. Journal of counseling psychology, 2000, 47 (4).

[138] XIN-AN ZHANG, QING CAO & NICHOLAS GRIGORIOU. Consciousness of social face: development and validation of a scale measuring desire to gain face versus fear of losing face [J]. Journal of social psychology, 2011, 151 (2).

[139] ZAICHKOWSKY J L. Measuring the involvement construct [J].

Journal of consumer research, 1985（12）.

［140］ZAICHKOWSKY J L. The personal involvement inventory：reduction，revision and application to advertising ［J］. Journal of advertising, 1994, 23（4）.

［141］ZHAO X, LYNCH J G, CHEN Q. Reconsidering baron and kenny：myths and truths about mediation analysis ［J］. Journal of consumer research, 2010（37）.

［142］ZHUANG G J, ZHOU N. The relationship between power and dependence in marketing channels：a Chinese perspective ［J］. European journal of marketing, 2004, 38（5−6）.

［143］ZHUANG, XI & TSANG. Power, conflict, and cooperation：the impact of Guan Xi in a Chinese marketing channel ［J］. Industrial marketing management, 2010, 39（1）.

［144］曹颖，符国群. 使用者形象一致性及形象强度对品牌延伸的影响 ［J］. 管理学报, 2012, 9（5）.

［145］柴俊武，赵广志，张泽林. 自我概念对两类怀旧广告诉求有效性的影响 ［J］. 心理学报, 2011, 43（3）.

［146］柴玲，包智明. 当代中国社会的"差序格局"［J］. 云南民族大学学报（哲学社会科学版），2010（2）.

［147］陈瑞，郑毓煌，刘文静. 中介效应分析：原理、程序、Bootstrap方法及其应用 ［J］. 营销科学学报, 2014（4）.

［148］陈小平. 文化—关系型品牌模型研究 ［M］. 上海：复旦大学出版社, 2002.

［149］丁奕峰. 中国面子文化对炫耀性消费的影响分析：基于"80后"群体的实证研究 ［J］. 中南财经政法大学研究生学报, 2010（4）.

［150］董维维，庄贵军. 营销渠道中人际关系到跨组织合作关系：人情的调节作用 ［J］. 预测, 2013, 32（1）.

［151］杜伟强，于春玲，赵平. 参照群体类型与自我—品牌联系 ［J］. 心理学报, 2009（2）.

［152］范秀成，冷岩. 品牌价值评估的忠诚因子法 ［J］. 科学管理研究, 2000, 18（5）.

[153]费孝通. 乡土中国生育制度 [M]. 北京：北京大学出版社，2005.

[154]符国群. 消费者对品牌延伸的评价：运用残差中心化方法检验Aaker 和 Keller 模型 [J]. 中国管理科学，2001，9（5）.

[155]宫希魁. 论国货意识 [J]. 中共宁波市委党校学报，1999（3）.

[156]郭昕. 不同涉入度下产品属性与广告语句对消费者购买意愿的影响研究 [D]. 成都：西南财经大学，2014.

[157]何佳讯，卢泰宏. 中国文化背景中的消费者—品牌关系：理论建构与实证研究 [J]. 商业经济与管理，2007（11）.

[158]何佳讯. 品牌形象策划—透视品牌经营 [M]. 上海：复旦大学出版社，2000.

[159]贺和平，苏海云. "本地货"意识、品牌特性与消费者本地品牌偏好研究 [J]. 深圳大学学报（人文社会科学版）. 2012（6）.

[160]黄胜兵，卢泰宏. 品牌个性维度的本土化研究 [J]. 南开管理评论，2003，6（1）.

[161]姜凌，王成璋，姜楠. 奢侈与大众：参照群体影响下的自我—品牌联系 [J]. 商业经济与管理，2009（9）.

[162]姜凌，周庭锐，王成璋. 奢侈品牌与大众品牌：购买决策中参照群体影响差异研究 [J]. 预测，2009（4）.

[163]蒋廉雄，卢泰宏，邹璐. 消费者礼品购买决策：关系取向抑或动机驱动 [J]. 中山大学学报（社会科学版），2007（5）

[164]金立印. 服务接触中的员工沟通行为与顾客响应：情绪感染视角下的实证研究 [J]. 经理管理，2008（18）.

[165]科特勒. 营销管理 [M]. 卢泰宏，高辉，译. 北京：中国人民大学出版社，2009.

[166]乐晶. 转型期中国城市居民礼物交换模式与特征初探 [J]. 江西师范大学学报（哲学社会科学版），2006，39（1）.

[167]李兵兵，郭春彦. 流畅性对再认的影响：实验证据及理论解释 [J]. 心理科学，2015，38（1）.

[168]李友梅，肖瑛，黄晓春. 社会认同：一种结构视野的分析——

以美、德、日三国为例 [M]. 上海：上海人民出版社，2007.

[169]林国耀，莫雷王，穗苹，等. 加工流畅性的作用机制：双系统模型及其应用 [J]. 心理学探新，2014，34（4）.

[170]刘世雄，周志民. 从世代标准谈中国消费者市场细分 [J]. 商业经济文荟，2002（5）.

[171]卢泰宏，邝丹妮. 整体品牌设计 [M]. 广州：广东人民出版社，1998.

[172]卢泰宏，等. 中国消费者行为报告 [M]. 北京：中国社会科学出版社，2005.

[173]庞隽，毕圣. 广告诉求—品牌来源国刻板印象匹配度对品牌态度的影响机制 [J]. 心理学报，2015，47（3）.

[174]彭茜，庄贵军，周茵. 私人关系对销售人员灰色营销行为决策的影响作用：时机的调节作用 [J]. 预测，2012，31（1）.

[175]戚海峰，费鸿萍. 角色规范影响敏感性对中国消费者独特品牌决策意向的影响 [J]. 经济管理，2011，33（11）.

[176]戚海峰. 人际间影响敏感性对中国消费者独特性需求的作用机制研究 [J]. 管理学报，2012，9（2）.

[177]秦辉，邱宏亮，吴礼助. 品牌形象的构成研究 [J]. 现代经济，2009，8（8）.

[178]让·诺尔·卡菲勒. 战略性品牌管理 [M]. 王建平，曾华，译. 北京：商务印书馆，2002.

[179]孙春晨. 符号消费与身份伦理 [J]. 道德与文明，2008（1）.

[180]孙立平. "关系"、社会关系与社会结构 [J]. 社会学研究，1996（5）.

[181]王财玉. 消费者自我—品牌联结的内涵、形成机制及影响效应 [J]. 心理科学进展，2013（5）.

[182]王海忠，江红艳，江莹，张实. 品牌承诺和自我构建影响消费者对产品伤害危机的反应——归因理论视角 [J]. 营销科学学报，2010，6（1）.

[183]王海忠，秦深，刘笛. 奢侈品品牌标识显著度决策：张扬还是低

调——自用和送礼情形下品牌标识显著度对购买意愿的影响机制比较
[J]．中国工业经济，2012（11）．

[184]王新新．意义消费条件下市场营销战略的思路 [J]．上海财经
大学学报，2004（5）．

[185]王长征，周学春，黄敏学．"求同"与"存异"：面子如何抑制
或促进消费者的独特性需求 [J]．营销科学学报，2012，8（4）．

[186]吴剑琳，代祺，古继宝．产品涉入度、消费者从众与品牌承诺：
品牌敏感的中介作用——以轿车消费市场为例 [J]．管理评论，2011，
23（9）．

[187]杨善华，侯红蕊．血缘、姻缘、亲情与利益——现阶段中国农村
社会中"差序格局"的"理性化"趋势 [J]．宁夏社会科学，1999（6）．

[188]姚琦，黄静．自我构念对犯错品牌说服效果的影响 [J]．统计
与决策，2011（5）．

[189]姚卿，陈荣，赵平．自我构念对想象广告策略的影响与分析
[J]．心理学报，2011，43（6）．

[190]叶浩生．关于"自我"的社会建构论学说及其启示 [J]．心理
学探新．2002（3）．

[191]袁少锋，高英，郑玉香．面子意识、地位消费倾向与炫耀性消
费行为——理论关系模型及实证检验[J]．财经论丛，2009（5）．

[192]翟学伟．中国人的脸面观：有关其向度的若干假设，文化、心
病及疗法 [M]．台北：桂冠图书公司，1994．

[193]张闯，张涛，庄贵军．渠道关系强度对渠道权力应用的影响——
关系嵌入的视角 [J]．管理科学，2012（3）．

[194]张力为，符明秋．大学生自发反应式的互联自我与独立自我：性
别差异与专业差异 [J]．心理学报，1999，31（2）．

[195]张梦霞．奢侈消费的界定及其价值观动因研究 [J]．经济管理，
2006（12）．

[196]张梦霞．象征型购买行为的儒家文化价值观诠释——概念界定、
度量、建模和营销策略建议 [J]．中国工业经济，2005（3）．

[197]张梦霞．消费者购买行为的中西价值观动因比较研究 [J]．经

济管理，2005（8）.

［198］张喆，张知为. 赠礼情境下自我建构对品牌显著度偏好的影响［J］. 复旦学报（自然科学版），2013，52（2）.

［199］周南，周元元，王殿文. 中国文化背景下消费者还礼行为研究：基于收礼者视角［J］. 珞珈管理评论，2011（2）.

［200］庄贵军，席酉民. 关系营销在中国的文化基础［J］. 管理世界，2003（10）.

［201］庄贵军，周南，周连喜. 国货意识、品牌特性与消费者本土品牌偏好——一个跨行业产品的实证检验［J］. 管理世界，2006（7）.

［202］庄贵军. 关系在中国的文化内涵：管理学者的视角［J］. 当代经济科学，2012，34（1）.

［203］邹璐，姜莉，张西超，等. 自我建构对主观幸福感的影响机制分析：自我效能感和关系和谐的中介作用［J］. 心理与行为研究，2014，12（1）.